여행하는 동안 우리는 삶을 아름답게 느낀다.

그 순간에는 소유해야 할 것도 잃을 것도 없기 때문이다.

여행은 자기 자신에게로 떠나는 것이며,

또한 그 여행은 많은 타인들을 통과하며 이루어진다.

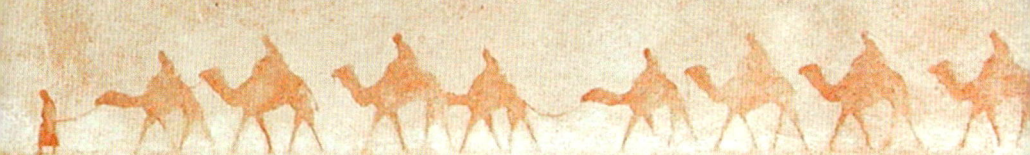

Illustration_Gack Jean Pierre ⓒ 2007

문명 세계의 허구를 일깨우는 오래된 목소리

어느 날 프랑스에 온 사막의 유목민 무사 앗사리드. 그는 우리가 세상을 바라보는 방식, 그리고 삶을 살아가는 방식에 대해 순수하면서도 현자적인 비판을 던진다. 그의 눈길은 문명 세계에서 살아가는 사람들에게 놀라운 지혜와 깊은 인상을 심어 준다. 기분 좋으면서도 진지한 그의 일화와 통찰 너머에는 우리가 자랑하여 마지않는 이 문명 세계의 허구를 일깨우는 오래된 목소리가 담겨 있다.

_레코 데 보주 L'Echo des Vosges

단봉낙타와 테제베

사막별의 여행자 무사 앗사리드의 몸속에는 '떠남'과 '여행'의 피가 흐른다. 사하라 사막의 유목민 부모 사이에서 열세 명의 아이 중 맏이로 태어난 이 투아레그족 청년은 1999년 어느 날 프랑스로 떠나와, 어린 시절의 단봉낙타를 테제베와 맞바꾼다. 저자는 이 책에서 그에게 새로운 도전인 문명 세계의 삶과 지혜의 원천인 사막 유목민의 삶을 끊임없이 비교한다. 신선하고 의미 깊은 그의 시선은 우리 문명인들로 하여금 자신을 되돌아보지 않을 수 없게 만든다. 나는 누구인가, 내 삶은 어디로 가고 있는가, 나는 내 삶의 주인인가를 성찰하게 한다.

_로타리 콩탁트 Rotary Contact

삶을 돌아보게 하는 초대장

이 책은 문명 세계 사람들의 행동과 사고방식에 대해 새롭고 놀라운 관점을 제시한다. 그가 들려주는 일화들은 웃음과 함께 감동을 준다. 나아가 우리의 삶의 방식에 대해 날카로운 일침을 가한다. 그는 선입견을 갖고 우리를 바라보는 것이 아니다. 다만 우리 사회가 늘 더 빨리 나아가려 하지만 그것은 스트레스로 고통받는 개인을 낳고, 결국 인간의 열정을 시들어 버리게 만든다는 것을 확인시켜 줄 뿐이다. 저자는 유목민들이 가진 섬세한 감성, 단순함에 만족하는 삶의 균형 감각, 그리고 자신의 몸에 배어 있는 사막에서의 삶의 지혜에 대해 이야기한다. 이 책은 우리의 삶을 돌아보게 하는, 사막에서 날아온 뜻밖의 초대장과 같다.

_르 프로그레 Le Progrès

아름다움을 소유하는 법

무사가 속한 사막 유목민들은 인간에게 가장 적대적인 사하라 사막에 살기에 '사막에 사는 자들'이라는 뜻의 투아레그족이라 불린다. 하지만 그들은 '이모하'(자유인)라 불리는 걸 더 좋아한다. 무엇에도 구속받지 않고 새로운 물과 풀을 찾아 자유로이 떠도는 유목민이기 때문이다. 하지만 이제 그들은 그들을 더 멀리 몰아내려는 정착민들에게 위협받고 있다. 유목민과 정착민의 삶의 방식이 너무 달라서 공존하기 힘든 까닭이다. 그들은 삶의 진리가 사막 깊은 곳에 묻혀 있다고 믿고 있다. 저자는 말한다. "투아레그인들은 단순함 속에서 행복을 발견한다. 단순한 사고와 단순한 삶의 방식은 불필요한 것들 사이에서 길을 잃은 현대인들이 되찾아야 할 행복의 첫째 조건이다."

_르 포퓔레르 뒤 상트르 Le Populaire du Centre

사막별 여행자

무사 앗사리드
신선영 옮김

문학의숲

Y A PAS D'EMBOUTEILLAGE DANS LE DÉSERT
by MOUSSA AG ASSARID
Copyright © LES PRESSES DE LA RENAISSANCE, Paris 2006
Korean Translation Copyright © The Forest of Literature 2007
All rights reserved.

This Korean edition is published by arrangement with
LES PRESSES DE LA RENAISSANCE
through Bestun Korea Agency Co., Seoul.

차례

저자의 말 _ 내겐 너무 아름다운 세상 8

어린 왕자의 별을 떠나 14

여행은 타인을 통과해 자신에게 이르는 것 36

지도를 따라가지 말고 별을 따라가라 56

사막 학교의 가르침 77

슬픔 없는 기억 99

이 사막에서 우리는 행복했다 125

테제베와 단봉낙타 147

바람은 같은 노래를 부르지 않는다 166

시간이 없다고요? 난 시간이 많아요 179

꿈에서 너무 멀어진 사람들 203

사랑하라, 떠나라, 다시 돌아오라 223

옮긴이의 말 _ 사막별에서 온 메시지 238

저자의 말

내겐 너무 아름다운 세상

>옛날에 어린 왕자가 있었다.
>어린 왕자는 자기보다 더 클까 말까 한 별에 살았다.
>어린 왕자에게는 친구가 필요했다….
>―앙투안 드 생텍쥐페리, 〈어린 왕자〉

나는 사막에서 태어나 그곳에서 어린 시절을 보냈다. 가축들과 함께 새로운 초목을 찾아 이동하는 유목민들은 늘 생활에 필수적인 것들만 소유하고 다닌다. 우리가 누리는 문명의 혜택이라는 것은 매우 적은 것들에 국한되어 있다. 그러나 우리에게는 광대한 사막과 끝없이 이어진 지평선, 그 무의 공간에 살아 숨 쉬는 고요, 그리고 자연과의 교감이 있다. 그것들은 문명이 인간에게 줄 수 있는 그 어떤 것보다 크고 깊다.

처음 문명 세계에 와 내가 받은 문화적 충격은 그래서 매우 큰 것이었다. 돌리기만 하면 물이 펑펑 쏟아지는 수도꼭지와, 낙타를 타고서도 며칠씩 걸려야 갈 수 있는 거리를 단 몇 시간 만에 돌파하는 기차 등 문명 세계에서 본 모든 것은 내가 꿈에도 상상하지 못했던 것들이었다.

이 책을 통해서 나는 내가 느낀 것, 그중 가장 단순하면서도 또 가장 중요한 것을 말하고 싶었다. 그것은 우리 모두의 정신에 풍요로움을 가져다주는 것이다. 사막에서의 삶은 매우 단순하다. 갖고 있는 것들도 단순하고 생각도 단순하다. 그러나 우리는 우리가 누구인지를 알고 있다. 문명 국가에서의 삶은 그렇지가 않다. 너무도 많은 물질과 넘쳐 나는 정보의 홍수 속에서 사람들은 자기 자신을 잃고 복잡한 삶에 이끌려 살아가고 있었다.

사막에서는 자연의 소리에 귀를 기울이고 자연의 의지를 이해하는 것이 더없이 중요하다. 그것은 생명과 직결되는 것이다. 그러나 문명 세계의 사람들은 자연의 목소리에 귀 기울일 줄 모른다. 그들은 그것을 아예 잊어버린 것 같다. 그들이 귀 기울이는 것은 자연보다는 오히려 신문과 뉴스의 기사들이다.

문명 세계의 사람들은 아무것도 하지 않고 있으면 시간을 잃어버린다고 여긴다. 그러나 우리 투아레그인들은 다르다. 우리에게 있어 시간은 잃거나 소유할 수 있는 것이 아니다. 단지 '살아가는' 것이다.

문명 국가들에서는 사람과 사람 사이의 거리가 매우 멀다. 특히 노인들과 아이들의 경우가 그렇다. 노인들은 자식과 떨어져 홀로 양로원에서 말년을 보내고, 아이들은 부모와 대화하는 대신 텔레비전 앞에 앉아 저녁을 보낸다. 그러나 우리 투아레그인의 삶은 다르다. 노인들 곁에는 언제나 그들의 말을 듣고 그들이 살아온 시간을 존경하는 젊은이들이 있다. 그리고 저녁마다 아이들은 모닥불 주위에 둘러앉아 어른들이 들려주는 이야기에 귀를 기울인다.

사막은 광대하다. 그러나 아무도 일정 범위의 땅을 가지고 나의 것이라 이야기하지 않는다. 대지는 공기와 마찬가지로 소유할 수 있는 것이 아니다. 대지는 우리의 어머니다. 그러나 문명 세계의 모든 땅에는 소유주가 있다. 그것이 개인이든 국가든 누구나 다 땅을 하나의 소유물로 여기고 있다.

우리 투아레그인들은 아무것도 가진 것이 없지만 저마다 행복하다고 말한다. 문명 세계 사람들은 우리와 반대로 모든 것을 다 가지고 있다. 우리가 사는 사막과 달리 그들의 세상에는 사계절이 있다. 봄이 있고 여름이 있고, 가을과 눈 내리는 겨울이 있다. 꽃과 산과 풍부한 물과 먹을 것들, 삶을 윤택하게 해 주는 많은 문화적 혜택들과 넘쳐 나는 물질 등 모든 것이 그곳에 있다. 하지만 이렇게 모든 것을 가지고 있으면서도 그들은 언제나 불평불만이 많다. 자식이 하나면 둘을 못 둔 것이 불만이고, 비가 오면 해가 뜨지 않는 것이 불만이다. 더 좋은 집과 자동차, 더 나은 직장을 가지지 못해 불행하다. 투아레그인들은 비가 오면 그것에 감사하고, 보잘것 없지만 하루의 양식을 대지로부터 얻은 것에 만족한다.

문명 세계 사람들이 그토록 소중히 여기는 집 또한 우리에게 있어서는 사생활을 보장하고 비와 추위 등 자연재해로부터 몸을 보호하는 수단에 지나지 않는다. 그것이 결코 부의 기준, 성공의 척도가 되지는 않는다. 언제나 떠나야 할 때 이동을 해야 하는 우리는 최소한의 것들만 소유한 채 생활하는 것에 익숙해져 있다. 우리는 단순함과 가벼움을 선호한다. 행복 역시 단순함과 가벼움 안에서 비롯된다고 믿는다. 저승길을 가면서 집을 이고 가는 사람은 아무도 없다. 오직 우리가 살아온 시간만이 그 길을 동행한다. 하루하루는 신이 우리에게 내린 축복이자 선물이다. 그 축복받은 시간들을, 소중한 그 선물들을, 언제고 우리 곁을 떠나게 마련인 부를 축적하기 위해 자신에게 어떤 즐거움도 주지 않는 일을 하며 삶을 소비하는 것은 너무나도 슬픈 일이다. 인간은 육체를 가진 존재이기 이전에 영혼을 가진 존재다. 영혼은 인간 육체를 구성하는 여러 기관들과 세포들처럼 복잡하지 않다. 몇 십 킬로그램에 달하는 무게와 질량이 없는 가벼운 것이다. 이 같은 영혼의 속성을 이해한다면 왜 서구사회가 추구하는 더 무겁고 더 복잡한 삶이 인간에게 행복을 가져다줄 수 없는지 쉽게 이해할 수 있을 것이다.

나는 거울과 같다. 내가 책에서 이야기한 것을 통해 사람들은 스스로의 모습을 돌아볼 수 있을 것이다. 이것은 나 역시 마찬가지다. 나는 여행을 통해 많은 사람들을 만나며 그들의 모습을 통해 나 자신을 돌아본다.

어머니 대지는 우리를 이곳에 오게 했고, 아버지 하늘은 우리를 성장의 길로 인도한다. 또한 인내를 통해 우리는 자기 자신과 만나며 사물의 본질을 볼 수 있는 눈을 가지게 된다. 아무리 하찮은 일을 하는 사람이라도, 아무리 못생긴 사람이라도, 아무리 가난한 사람이라도, 우리 모두는 신성한 존재다. 더불어 투아레그족 사람들은 아무리 가진 것이 없다 하더라도 타인과 많은 것을 나누며 산다. 자신이 먹을 음식의 모두를 타인에게 기꺼이 내줄 수 있을 때 우리는 진정한 행복을 느낄 수 있다.

그런데 이러한 것들은 모두 이미 우리 안에 내재해 있던 것이다. 투아레그인들만이 세상에서 가장 고귀한 문화와 정신을 소유하고 있지는 않다. 단지 우리 모두가 갖고 있던 것을 아직 잃지 않았을 뿐이다.

삶의 모든 순간순간은 모두 긍정적인 경험이다. 좋은 일이든 아니든 살면서 우리가 경험하는 모든 일들은 배우기 위한 하나의 과정이다. 좋은 일을 통해서 우리는 행복과 기쁨을 맛보고, 그것이 얼마나 소중한 것인지를 알게 된다.

유목민들은 늘 새로운 초목을 찾아 길을 떠난다. 황폐해진 땅을 피해 달아나는 것이 아니라 새로운 땅과 새로운 날을 향해 앞으로 나아가는 것이다. 그러한 시간들 속에는 배움이 있다. 나는 삶을 여행하며 내가 가진 것들을 다른 이들에게 나누어 주고, 다른 이들이 가진 것들을 나누어 받는다. 알고, 배우고, 깨닫는 것, 그것은 여행이 우리에게 줄 수 있는 가장 큰 선물이며 우리를 살아 있게 하는 이유가 된다.

목동에게 별들이 그렇듯이, 많은 사람들이 내게 마음의 안내자가 되어 주었다. 사막으로부터 문명 세계에 이르는 기나긴 여정에서 나는 소중한 친구들과 이 책에 대한 영감을 얻었다. 우리 모두는 여행을 통해 많은 것을 배운다. 그러한 여행을 한 이들이라면 누구든 그리고 언제든 자신이 경험한 것을 나누고 싶어 하리라. 나는 그동안 내가 보고 듣고 체험한 것을 다른 이들과 나누고 싶었다. 내가 사막에서 살며 배운 것에 대해 알지 못하는 이들, 문명 세계에서 내가 체험한 것을 겪어 보지 못한 이들, 혹은 그 모든 것을 맛보았지만 나와는 다른 생각을 가질 수도 있는 이들과….

삶은 아름다운 것이다. 내가 이제껏 배운 삶에는 많은 놀라움과 아름다움이 깃들어 있다. 다만 그것을 알기 위해서는, 그것을 보기 위해서는, 우리 눈을 아름답게 씻어 둘 필요가 있다. 삶이 우리에게 선물한 아름다움을 향해 열려 있는 눈을 가져야 한다. 두 눈을 크게 뜨고 영혼이 빛나게 하라. 영혼은 그러한 아름다움과 맞닿는 순간 벌써 위대해지고 있다.

어린 왕자의 별을 떠나

나는 아프리카 말리 북부의 통북투와 가오 사이에 있는 투아레그족(사하라 사막에서 유목생활을 하는 베르베르인의 한 종족. 투아레그족 남자들이 여자들과 이방인 앞에서는 푸른 베일로 얼굴을 가리는 까닭에 '푸

른 베일의 부족', '신비의 부족'이라 불린다.) 유목민 야영지에서 태어났다. 어릴 적에는 낙타와 염소, 소, 양, 당나귀를 몰고 새 목초지를 찾아 두루 돌아다녔다. 우리는 생명이 있고, 물이 있고, 풀이 있는 곳을 향해 걸었다. 내가 아는 거라곤 끝없는 지평선과 천막 아래서 보내는 밤, 장작불, 우물과 짐승들뿐이었다. 야영지는 한 가족이나 한 공동체가 함께 쓰는 여러 개의 천막들로 이루어져 있었다. 하지만 건기가 되면 때때로 가족들은 같은 목초지에 한꺼번에 몰리는 것을 피하기 위해 서로 흩어져야만 했다. 우리는 사막에 우리뿐인 줄 알았고, 사막은 우리들의 놀이터였다. 우리는 세상과 단절된 우리들의 왕국에서 왕자로 살았다.

내가 아홉 살쯤 되었던 1984년은 현재와 미래에 대한 우리의 아름다운 믿음에 종지부를 찍은 해였다. 우리는 조상들과 같은 방식으로 살았지만, 가뭄이 몰아닥치면서 예전과 같은 삶이 영영 불가능해졌다. 우리는 각자 떨어져 살아갈 수밖에 없었다. 두세 개 천막씩 무리 지어 남아서 서로 돕기 위해 필사적으로 노력했지만 상황은 갈수록 위태로워졌다. 굶주림 때문에 동물들이 죽고 우리는 병들었다. 우리에겐 젖이 더이상 나오지 않는 말라빠진 염소 몇 마리밖에 남지 않았다. 비축해 둔 식량은 바닥났고, 우리는 굶어 죽게 될까 봐 두려웠다. 그 힘겨운 시기가 지난 뒤, 어머니가 돌아가셨다. 내 나이 열 살 무렵이었다.

나는 남동생 이브라힘, 여동생 랄라, 부세라와 함께 외할머니 댁에 살러 갔다가 다시 가오에 있는 친할아버지 댁으로 갔다. 도시 아이들은 우리를 내몰았다. 우리가 자기들 말을 알아듣지 못하고, 우리 투아레그족이 야만인이라는 이유에서였다. 우리의 세계는 가족의 울안으로 한정되어 버렸다. 부재의 상처를 치유하려면 사랑이 필요했다.

아버지는 여러 차례 재혼을 했다. 아버지는 그 여자들한테서 나의 어머니를 찾고 있었다. 아버지가 어머니를 마음에서 떠나보내고 추억의 그림자가 아닌 한 여자를 사랑하기까지는 오랜 시간이 걸렸다.

열세 살쯤 나는 남동생과 함께 사막의 아버지 곁으로 돌아갔다. 어머니의 영혼이 손에 잡힐 듯한 삶으로 다시 돌아가니 행복했다. 어느 날 밤 나는 이상한 꿈을 꾸었다. 모래 언덕 꼭대기에 앉아 있는데, 비행기 한 대가 내 옆에 내려앉았다. 그리고 비행기에서 한 백인 남자가 내려와서는 내게 세상 구경을 하고 싶지 않느냐고 물었다. 나는 그렇다고 대답했고, 소스라쳐 깨어났다. 나는 무슨 일인지 묻는 아버지한테 근심을 안겨 주었다. 꿈에서 비행기 한 대가 나를 세상 너머로 데려가려 했다고 대답한 것이다. 아버지는 악몽을 꾼 거라고 했다.

우연이었을까? 몇 주 뒤, 프랑스에서 남편과 함께 온 낯선 여기자를 만났다. 그녀는 파리-다카르 랠리(프랑스 파리에서 출발해 아프리카 서부 세네갈의 다카르에 이르는 자동차 경주. 사하라 사막을 횡단해 1만 수천 킬로미터를 주파하는 힘든 경주)를 취재하기 위해 왔다가 우리의 야영지 주변을 거닐고 있었다. 그녀의 가방에서 책 한 권이 떨어지는 것을 보고 내가 얼른 달려가서 주워 건넸다. 그녀가 내게 그 책에 실린 그림을 보여 주었고, 나는 그 그림들에 매혹되었다. 그녀가 떠나면서 내게 그 책을 선물로 주었다. 〈어린 왕자〉라는 제목의 책이었다.

그날 이후로 내겐 오직 한 가지 생각뿐이었다. 학교에서 읽는 법을 배워 그 꼬마 녀석의 이야기를 알아야겠다는 것.

그해에 할아버지가 돌아가셨고, 나는 갈수록 의지가지없는 신세가 되었다. 아버지와 새엄마와 함께 지내는 천막 안에는 나를 붙잡아 줄 것이 더이상 없었다. 나는 지금이 내 자신이 날아오를 때라고 느꼈다. 아버지를 한참 조른 끝에 마침내 학교에 다닐 수 있게 되었다. 우리의 야영지에서 왕복 30킬로미터 떨어진 작은 마을 타보예에 있는 학교였다. 내가 열네 살쯤 되었을 때였다. 처음에는 이만저만 힘들지 않았다. 다른 언어를 쓰는 송가이족들 사이에서 투아레그족은 나 하나뿐이었다. 내 옆에 앉으려는 학생은 아무도 없었다. 나는 너무도 달랐다.

공허함이 깊어진 나머지 글을 배우고 싶은 지독한 갈증에 시달렸다. 책 속에서 친구를 찾고, 존재를 찾고, 조언을 찾을 수 있도록. 몇 달 뒤 나는 아버지를 겨우 설득해 동생 이브라힘도 함께 학교에 다닐 수 있게 만들었다.

2년 동안 읽는 법을 배웠다. 단어들에 목말랐던 나는 닥치는 대로 읽었다. 타보예에서 우리 부족의 야영지가 멀어질 땐 야영지로 돌아가지 않는 일이 잦아졌다. 때로는 선생님 집 뜰에서 잠들기도

했다. 허드렛일을 도와준 대가로 선생님한테 죽을 얻어먹기도 하고, 사람들 짐을 들어 주고 대추야자 열매를 받기도 했다.

나를 더 발전시키기 위해 야영지에서 더 먼 곳으로 떠나기로 결심했다. 열일곱 살 무렵 나는 부렘으로 갔다. 타보예에서 가장 가까운 도시였다. 나는 그곳에 있는 삼촌 집에서 머물며 집안일을 돌봐 주었다. 그 뒤 투아레그족 항쟁(말리 정부의 부족 차별에 저항하여 투아레그족이 벌인 항쟁. 분리 독립을 요구하며 무장 투쟁으로 정부와 대립했다. 1995년 4월에 정부와 평화협정을 맺고 1996년에 정부 조직에 편입됨으로써 종결되었다.)이 일어나자, 삼촌은 항쟁을 지지하기 위해 사막의 부족에게로 돌아갔다.

열아홉 살 무렵엔 중등교육을 받기 위해 안손고(말리 남동쪽 도시)로 갔다. 나는 아버지 친구 집에서 얹혀 살게 되었다. 아내가 넷에 자식이 자그마치 서른 명쯤 딸린 아저씨였다. 그 가족과 함께 지내면서 나는 밥값이라도 하기 위해 부지런히 팔다리를 놀려야만 했다. 무엇보다 그 집 아이들의 구박 때문에 지내기가 쉽지 않았다. 나는 희생양이자 이방인이었다. 그들은 밥도 거의 다 먹어치우고 나서야 나를 불렀다. 나는 나날이 여위어 갔다. 매일 아침 나는 어느 아주머니 집 앞을 지나 나의 동굴로 갔다. 그 동굴은 여섯 시간 내지 여덟 시간씩 공부하는 나만의 은신처였다. 그런데 내가 지나다니는 집 아주머니가 내게 둥글납작한 과자며 죽 한 사발을 주었다. 하루는 창피한 마음에 그 집 앞을 지나지 않고 에둘러 갔다. 내가 지나다니는 새 길을 알아낸 아주머니가 말했다. 엄마처럼 나를 보살펴 주고 싶다고. 나는 하늘을 올려다보며, 돌아가신 어머니에게 감사했다.

안손고에서 여덟 달을 보냈고, 제때에 중학교 졸업장을 받았다. 그 뒤 히치하이크로 바마코(말리의 수도. 말리 남서쪽에 있다)까지 갔고, 그곳에서 대학입학 자격시험을 치를 때까지 머물렀다. 처음에는 사촌 집에서 지냈다. 사촌은 일을 많이 시켰다. 차 닦는 일에 아이들 돌보는 일이며, 가축들 먹을거리 찾는 일까지 한두 가지가 아니었다. 학교 다닐 시간도 겨우 낼 수 있을 정도였다. 혼자서 공부하는 게 날이 갈수록 힘들어졌다. 끝내 나는 배는 곯더라도 독립하는 쪽을 택했다. 그래서 원룸 하나를 얻었다. 주머닛돈 조금과 대필 일을 하고 생수와 자선기금 복권을 팔아서 조금씩 버는 돈이 있었다. 바마코에서 3년을 보냈지만 아쉽게도 대학입학 자격시험에서 떨어졌다. 실망한 나는 사막으로 돌아가 타보예에 작은 학교를 만들기 위한 모임을 조직했다. 6개월 뒤, 내가 세운 학교에 출자를 받기 위해 다시 바마코로 갔다. 나는 실패했다고 생각지 않기로 했다. 내가 투아레그족이고 말리 대학생과 고등학생 저항 단체의 주동자여서 그들이 처음으로 나를 막아선 거라고 믿으며, 대학입학 자격시험을 다시 치렀다. 쉼 없이 공부한 끝에 마침내 시험에 합격하고 고등학교 졸업장을 받았다. 스물세 살쯤 되었을 때였다.

생텍쥐페리에게 여전히 매료되어 있던 나는 프랑스로 가서 그 위대한 작가를 만나겠다는 꿈을 키워 갔다. 그의 '어린 왕자'에게 형제가 있다는 걸 말해 주겠다고….

유럽은 내게 지식의 밑바탕이었다. 도서관을 발견하고, 읽고, 배울 수 있는. 내가 손안에 넣을 수 있었던 책들 대부분은 파리에서 출간된 것이었다. 내게 모든 지적인 삶의 중심지는 파리였다. 빅토르 위고와 보들레르, 라퐁텐의 도시 파리였다! 세상을 바꾸고 세상을 말하는 사람들은 프랑스에 있다고 나는 믿었다. 그렇기 때문에 그곳으로 가야 했다. 나의 인간다운 이상을, 더불어 내 꿈을 이루기 위해서. 그곳에 적응하다 보면 뻗어 나가는 방법을 찾게 되리라고 믿었다. 매혹된 내 마음은 텔레비전이나 라디오를 접하면서 더욱 커졌다. 마치 부름을 받은 느낌이었다.

사막에서 나를 아는 사람들은 내 얘기에 귀를 기울였고 나를 존중해 주었다. 하지만 내가 동경하는 그 새로운 세계에서는 내 존재가 아무것도 아니었다. 자신의 자리를 마련하기 위해 모든 것을 새로 구축해야 할 미지의 세계. 하지만 나는 알고 있었다. 할아버지가 말씀해 주신 가르침을 내내 간직하게 되리라는 것을. 할아버지는 종종 말씀하셨다.

"이 세상 사람들 모두에겐 공통의 언어가 있단다. 그 언어를 이해하고 깨닫기 위해선 그들 얘기에 귀를 기울여야 한다. 그러면 그들도 네 얘기를 들어줄 게다. 이 말뜻을 마음에 새겨 두고, 네가 원하는 곳 어디로 가든 네가 어디서 왔는지 결코 잊어서는 안 된다."

나는 결코 잊지 않았다. 내가 떠나던 날 아침, 아버지는 나를 꼭 끌어안으며 말씀하셨다.

"다른 곳에 가서 더 성숙해지거라. 하지만 우리를 잊지는 마라. 넌 우리의 축복이다. 우리는 언제나 널 생각할 거야. 이제, 떠나거라."

나는 아무 말 없이 아버지와 헤어져, 새로운 삶을 향해 홀로 떠났다.

바마코에서 만난 프랑스인 친구들이 내가 그들에게 갈 수 있도록 초청장을 보내 주었다. 내 꿈이 눈앞에 다가와 있었다…. 여비를 마련하는 일만 남았다. 내가 많이 따르던 두 아주머니가 프랑스행 비행기표를 사고 여권과 비자를 만드는 데 필요한 돈을 빌려 주었다. 그렇게 해서 1999년 8월 25일, 나는 그 돈을 꼭 갚겠다는 거만한 희망을 안고 출발했다. 그런데 어떻게 해야 할까? 프랑스에서 먹고살 적은 돈이나마 어떻게 벌어야 할까? 동생 이브라힘이 아이디어를 주기를, 사막의 돌을 가져다가 프랑스에서 팔라고 했다. 그래서 나는 신석기 시대의 것으로 추정되는 반들반들한 부싯돌이며 화살과 손도끼들을 종이에 포장했다. 마침내 준비를 마친 나는 바마코 공항으로 갔다. 처음으로 내가 태어난 땅을 떠나, 도망치듯 하늘 속으로 깊이 파고들어 간다는 느낌이 낯설었다. 어렸을 때는 몇 번이나 꿈속에서 비행기를 타고 날아 보았건만….

비행기가 이륙했다. 심장 박동이 멈춘 느낌이었다. 미지가 나를 마음속 깊이 감동시켰다. 나는 눈을 감고서, 창공 한가운데에서 뿌

리 뽑힌 기분을 느끼지 않으려고 내 어린 시절을 돌아보는 데 매달렸다. 나 자신에게서 벗어난 기분이었다. 프랑스에 대해 그려 보았던 모든 이미지가 내 머릿속을 하나씩 스쳐 갔다. 내 이야기를 듣고 생텍쥐페리가 떠올릴 미소를 생각했다.

이튿날 오후 4시 06분 파리에 도착했다. 하늘에서 땅으로 내려왔음을 깨닫기까지는 한참이 걸렸다. 어릴 적 꿈이 마침내 이루어졌음을 믿지 못한 채, 나는 여전히 떠다니고 있었다. 벅찬 감동으로 얼떨떨해 하며, 비행기에서 내리는 사람들을 뒤쫓아갔다.

컨베이어벨트 위에 놓인 내 여행 가방을 보고, 나는 펄쩍 뛰어올라 얼른 가방을 낚아챘다. 그러고는 쉼 없이 돌아가는 컨베이어벨트에 겁먹은 나머지 가방을 바닥으로 내던졌다. 그 바람에 가방이 열리면서 돌멩이들이 바닥으로 와르르 쏟아졌다. 다행히도 그게 무엇인지 아는 말리 출신의 여행자들이 많았다…. 나는 그럭저럭 짐을 주워 모으고는, 그 장면에 불쑥 끼어든 한 남자를 겁내며 자리를 벗어났다. 프랑스인 친구들에게 전화를 해 봐도 아무도 받지 않았다. 어디로 가야 할지 난감했다. 나는 떠돌이 유목민이었지만, 낙타와 함께하는 여행밖에 할 줄 몰랐다. 유럽의 코드를 몰랐으므로 오직 내 꿈을 버팀목 삼아 그것들과 대면해야 했다. 공항 안내 데스크에서 호텔 목록을 받았다. 가장 저렴한 호텔을 골랐는데, 거기에 적힌 호텔들이 하나같이 별 세 개짜리라는 것을 나는 몰랐다. 파리에서는 그 목록에 제시된 가격이 가장 싼 것인 줄 알았다.

파리 15구의 이비스 호텔. 짐짓 자신감 있는 얼굴로, 나는 프런트의 아가씨한테 방 하나를 달라고 했다. 아가씨가 열쇠를 주었다. 호텔이 너무 수수한 것에 놀라며 나는 이층으로 올라갔다. 방문을 열었을 때, 나는 그 속에서 나를 기다리고 있던 광경에 완전히 사로잡혔다. 야영지 천막의 아이들이 다 같이 잘 수 있을 만큼 널찍한 더블 침대 하나, 텔레비전, 리모컨, 시트며 커튼이며 의자들. 욕실에 들어가 보았다. 순백의 수건들을 어루만지고, 비누와 향수병의 향기를 느껴 보지 않을 수 없었다. 세면대 가까이에서 뭔가 이상한 것을 발견했다. 작은 기계 같은 게 올려진 일종의 상자였다. 기계를 손에 쥐자, 엄청난 소음과 함께 뜨거운 바람이 내 얼굴을 사정없이 후려쳤다. 헤어드라이어라는 걸 평생 본 적이 없는 나였다. 기계가 계속 과열되면 방 전체가 타 버릴 거라는 생각에 더럭 겁이 났다. 나는 프런트 여자에게 달려가 질겁한 얼굴로 32호실에 불이 날 거라고 알렸다. 여자는 황급히 올라와 어디서 불이 났느냐고 물었다. 나는 세면대 안에 계속 켜져 있는 헤어드라이어를 가리켰다. 여자는 웃더니 그것을 집어서 제자리에 두었다.

"제가 불을 껐네요."

여자는 미소 지으며 말했다. 나는 조금 자존심이 상하고 황당하긴 했지만 마음을 놓을 수 있었다. 사막에서 수없이 불씨를 지펴 본 나였는데, 그때의 불은 내 꿈을 꺼 버리는 듯했다.

여자가 방을 나가자 나는 샤워를 하려고 옷을 벗었다. 욕조의 수도꼭지를 틀어 보았다. 하지만 이리저리 돌려 보아도 찬물이 영 나오지를 않았다. 수도꼭지에 손을 대면 댈수록 물은 더욱 뜨거워졌다. 나는 밖으로 나가려다 비누를 밟고 미끄러지는 바람에 비명을 지르며 욕조 안에 풍덩 빠져 버렸다. 내 방문이 열려 있던 터라, 누군가 내 비명을 듣고 프런트 여자에게 가서 알려 주었다. 여자가 욕실로 들어왔다. 한 마리 벌레처럼 홀딱 벗고 있던 나는 욕조에 달라붙어 있었다. 여자가 수건을 건네 주어 나는 욕조 밖으로 나갔다. 여자가 수도꼭지를 잠가 주었다. 왜 뜨거운 물만 나오느냐고 묻자, 여자는 수도꼭지가 어떻게 작동하는지 상냥하게 일러 주었다. 그 친절함에 감격해서 나는 눈물이 그렁그렁해졌다. 마침내 내게 손길 하나가 내밀어진 것이다. 내 어머니가 저 위에서 미소 짓고 있었다.

그날 밤, 널따란 침대 위에서 헤매다가 잠이 들었다. 내가 아직 그 무엇도 아닌 나라에서, 나는 다만 혼자였다.

다음 날 아침에 눈을 뜨는데, 내가 있는 곳을 깨닫기까지 한참이 걸렸다. 잠기운을 털어 버린 뒤, 나의 새로운 세상을 향해 눈을 떴다. 프랑스였다.

드디어 프랑스인 친구가 사는 앙제(파리 남서쪽 350킬로미터 지점에 있는 도시)에 도착했고, 한 달 뒤에는 쓰레기장에서 일자리까지 얻었다. 학생 비자도 받았다. 그렇게 해서 나는 프랑스에 머물며 새로운 삶을 시작할 수 있었다.

얼마만큼의 시간이 걸려야 이 나라가 내 조국이 될지 나는 알지 못했다. 하지만 하루하루 새로운 눈을 갖게 되리라는 확신이 있었다. 그 때문에 이 책을 통해 새로운 세상에 대한 내 비전, 내 경험, 내 놀라움, 내 기쁨, 내 질문을 당신들과 공유하게 된 것이다.

그 때문에 새로운 나라를 발견하는 일이 얼마나 매혹적인 여행인지 당신들에게 말할 수 있게 되었다.

생명은 자연에 속한 것이기에 저마다의 눈길은 생명력을 갖는다. 사막에서 우리의 눈은 생명의 온갖 신호를 찾고, 동물과 식물들의 흔적을 찾고, 대지의 언어를 찾는다. 모래 위에서 우리는 생명의 문자를 읽는다. 목초지를 향해 걸어갈 때, 우리는 길에 놓인 그 무엇도 놓치지 않는다.

유럽 대도시 사람들의 눈은 현란한 광고 네온사인에 끊임없이 자극을 받는다. 프랑스에 도착했을 때 나는 그 온갖 색채와 빛에 넋을 잃었다. 눈을 어디에 두어야 할지 몰랐다. 먼 곳을 바라보는 데 익숙해져 있던 내 시선은 알 수 없는 대문자 약자들에 부딪혔다. 나는 벽들을 기어올라 간판들을 없애고, 소음을 지우고, 풍경을 정화시키고 싶었다. 건물의 돌들이 제 영혼을 찾을 수 있도록. 프랑스인 친구들이 문의 아름다움이며, 길 가는 여인의 슬픔, 아이의 눈물, 사람에게 마음을 기울이는 분위기, 마지막인 것처럼 나누는 입맞춤을 이제는 보지 못하듯 그 빛도, 그 색깔도 더 이상 보지 못한다는 걸 깨닫고 놀랐다. 자신들만의 세계에 몰두한 그들은 그들을 둘러싼 세상에는 감탄하지 않았다. 나는 내 놀라움을 계속해서 그들과 나누었다. 그리하여 내 눈을 통해 그들은 그들 자신의 삶을 재발견하게 되었다.

문명 세계 사람들은 생명의 눈길을 잊어서는 안 된다. 생명의 눈길은 사막에서 우리의 생명을 구하듯, 영혼을 구할 수 있는 눈길이기 때문이다. 언제나 그날을 기억할 것이다. 내 어머니의 날렵하고도 기민한 행동에 깊은 인상을 받았던 그날을. 우리는 낙타와 가축 떼를 몰고 새 목초지 쪽으로 가는 길이었다. 어머니는 남동생과 함께 당나귀에 올라타 있었고, 나는 그 옆에서 걷고 있었다. 어머니는 내게 뱀이 종종 나타나는 지대를 지나고 있으니 주의하라고 했다. 고집 센 나는 그 말에 귀를 기울이지 않았다. 나는 나의 사막을 사랑했고, 나의 사막에 사는 것들은 내게 해를 끼칠 수 없다고 믿었다. 그런데 뱀 한 마리가 당나귀 발치로 스르르 미끄러져 들어갔다. 나는 잠시 돌처럼 굳어 있었다. 뱀이 나타나는 걸 미리 보지 못했던 것이다. 땅바닥에서 발이 그다지 떨어져 있지 않은 어머니와 내가 행여 목숨을 잃게 될까 두려웠다. 뱀에게 어떻게 다가가야 할지 몰랐다.

나는 몸을 낮추고서 돌멩이 하나를 주워들었다. 하지만 뱀을 놀라게 할 수도 있는 까닭에 이러지도 저러지도 못하고 있었다. 내가 고개를 들었을 때 뱀은 죽어 있었다. 당나귀에 올라앉아 있던 어머니가 천막의 말뚝으로 정확히 찍어 죽인 것이다. 놀란 나를 보고 어머니가 미소 지으며 말했다.

"어느 곳에서 어떤 일을 겪게 되더라도 늘 주의를 늦추지 말고 냉정함을 간직해라. 그러면 모든 게 잘될 거다."

그날 이후로 내 눈은 한 번도 잠든 적이 없다. 정신이 깨어 있는 나는 그 무엇도 놓치지 않는다.

언제나 나는 유럽을 가능성의 세계로 꿈꾸었다. 프랑스가 두 팔 벌려 나를 반겨 줄 거라고 믿었다. 나는 프랑스를 늘 그렇게 꿈꾸었다.

프랑스에 첫발을 내딛자마자, 나는 의학 공부를 하기로 마음먹었다. 캠퍼스의 학생들을 보니, 장학금을 받고 기숙사에 방 한 칸 얻는 것쯤은 쉬운 일로 여겨졌다. 내게 모든 희망을 심어 준 단과대학 내의 사회복지사를 찾아갔다. 복지사가 내게 방문 목적을 묻기에 내 삶과 내가 해 온 투쟁, 야영지와 낙타, 염소, 〈어린 왕자〉, 학교, 바마코에 대해 이야기하고 마지막으로 프랑스에 대해 말했다. 내 얘기를 듣고 나서 복지사가 대답했다.

"죄송하지만 당신 같은 경우에 해당하는 난이 없어서요."

유목민은 결국 행정 서류에도 들어갈 수 없는 것이다….

돈도 없고, 어디로 가야 할지도, 어떤 문을 두드려야 할지도 몰랐던 나는 '사랑의 레스토랑(1954년 집 없이 길거리에서 얼어죽어 가던 사람들을 보호하기 위해 피에르 사제가 벌인 사회 운동의 일환으로, 노숙자, 병자들에게 식사와 장소를 제공했다.)'에 가서 동냥이라도 해야 할 처지에 놓였다. 어떻게 그렇게 순진할 수가 있지? 내가 좋아하기만 하면 모든 문들이 당장 내게 열릴 거라고 생각하다니. 하지만 내겐 믿음이 있었기에 도전하기로 결심했다. 마음을 깊게 다졌다. 장애물들이 있었지만, 이곳에서 경험해야 할 뭔가가 내게 있음을 알았다. 프랑스가 나를 받아들이도록, 내가 사랑한다는 걸 프랑스에 보여 줘야 했다.

사랑을 입증하는 데는 종종 고통이 따르는 법이다.

그날이 떠오른다. 어린 소년이었던 내가 스스로 세운 목표를 이루기 위해 배고픔과 목마름을 그렇게 이겨내야 했던 날, 그때 내가 깨달은 것은 상상을 뛰어넘는 것이었다.

병이 위중하던 할아버지 아다는 야영지에서 백 킬로미터쯤 떨어진 가장 가까운 도시 가오까지 낙타로 옮겨졌다. 좋지 않은 소식을 전해 듣고, 아버지와 삼촌 함마디는 할아버지에게 가기 위해 낙타들을 준비했다. 내가 따라가게 해 달라고 부탁했지만 아버지와 삼촌은 거절했다.

그날 밤 나는 잠을 이루지 못했다. 새벽의 떨림 속에서 아버지와 삼촌의 발소리를 들었다. 뒤따라갈까 망설이다가 낙담한 채, 그들이 멀어지도록 내버려 두었다. 하지만 날이 밝자 나는 자리를 박차고 일어나, 온종일 아버지와 삼촌의 발자국을 쫓아 달음질쳤다. 나는 아버지와 삼촌이 우선 나이저 강을 따라갔음을 알았다. 나는 마을들을 가로질러 가야 했다. 하지만 사람들이 나를 알아보고 내가 야영지에서 달아났다는 걸 알게 되는 것은 원치 않았다. 사람들에게 먹을 것을 달라고 할 수는 없어서, 밤이 내리자 토마토를 따 먹기 위해 몰래 어느 집 마당에 들어가기도 했다. 밤에 혼자서는 자고 싶지 않아서, 주인집 가까이에 모여 있는 염소와 양들과 함께 잤다. 젖을 조금 얻어먹으려고 염소들 젖을 빨기까지 했다. 이튿날 길 위로 지나가는 자동차들을 보았다. 나는 차를 세우기 위해 손을 들었다. 하지만 무심한 차들은 그대로 지나가 버렸다. 가오에서 5킬로미터 떨어진 곳에서 자리가 텅텅 빈 지프 한 대가 내 앞을 휙 지나갔다. 목마르고 배고프고 격분한 나는 하늘에 대고 복수해 달라고 빌었다. 그 지프가 고장 나서 사막에 사로잡히게 해 달라고.

그 차와 마주친 지 십 분쯤 지났을 때 나는 하느님이 내 기도를 들어주었다는 걸 깨닫고 얼떨떨해졌다. 그 차가 모래에 틀어박힌 것이다. 놀라고 겁먹은 나는 그런 저주의 말을 던진 것을 후회하며, 모래를 걷어내는 사람들을 도우려고 차가 있는 데로 급히 달려갔다. 마침내 지프는 모래 속에서 덜컹거리며 빠져나왔다. 잠시 후 나는 그 안에 타고 있었다. 나는 개선장군처럼 가오에 도착할 수 있었다.

할아버지는 늘 말씀하셨다. 여행은 약점을 극복하는 법을 가르쳐 주기에 사람에게 꼭 필요한 것이라고. 나는 할아버지가 말씀하시는 사람이 되고 싶었다. 할아버지는 또 이렇게도 자주 말씀하셨다. 허기와 갈증은 오아시스에 일단 도착하면 버림받는, 여행자의 친구라고. 그럼에도 한 친구는 결코 떠나지 않았다. 좋은 것이든 나쁜 것이든 여행의 추억이란 녀석은.

그때 내 나이 열두 살 무렵이었다. 목적지에 도착한 나는 어른이 되어 있었다. 목마르고 배고팠지만 한 사람의 어른이 되어 있었다.

할아버지를 만나기 위해 혼자서 가오에 도착했다. 아무도 내게 그 새로운 세계에 대해 안내해 주지 않았다. 왜 그토록 많은 집들이 다닥다닥 붙어 있는지, 왜 저마다 문들로 가로막혀 있는지 이해가 되지 않았다. 늘 모두에게 열린 천막 아래에서 살아온 나로서는, 사람들이 몸을 숨길 필요성을 느낀다는 게 거짓말처럼 여겨졌다. 나중에야 그것이 바람과 햇빛, 밤의 한기를 피하기 위한 것임을 알았다. 미로 같은 길에서 겁먹은 나는 어떻게 해야 한 곳에서 또 다른 곳으로 갈 수 있는지 알지 못했다. 사막에서는 곧장 앞으로 걸어가기만 하면 되었다. 밤이건 낮이건 지평선만 보고도 야영지를 찾을 수 있는 나였는데, 가오의 집들 사이에선 길 잃은 포로였다.

나는 자전거를 발견하고 깜짝 놀랐다. 짧은 삶에서나마 그런 기구는 한 번도 본 적이 없었다. 매혹당한 나는 날씬하고 부서질 것 같으면서도 지지대 없이도 서는 그 기구를 한참 동안 물끄러미 바라보았다. 그것은 빨리 달렸다. 모터가 달린 것도 아닌데 말이다. 너무 신기해서 꿈을 꾸는 것만 같았다. 나와는 너무 동떨어진 세계여서 현실 같지 않았다.

가장 놀라운 것은 수도꼭지에서 흐르는 물이었다. 꼭지만 돌리면 된다니! 놀라움에 눈물이 날 지경이었다. 물이 항상 노력의 결과로, 낙타들을 데리고서 한참 진을 빼야 얻어지는 것만은 아니라는 걸 평생 처음으로 깨달았다. 게다가 수도꼭지에서 나오는 물은 깨끗했다! 천국에 온 기분이었다. 내게 물이란 늘 얻기 힘든 진귀한 것이었다. 그런데 그런 물을 사람들은 아무렇지 않게 바닥에 흘려 버렸다!

그 모든 새로운 발견에 머리가 어쩔했다. 그런데 할아버지가 계신 병원에서 한 의사가 전화기를 이용하는 걸 보았을 때는 완전히 넋이 나가는 줄 알았다. 의사가 어떤 기계에 대고 말하자 그 기계가 대답하는 것 같았다. 상대방이 얼마만큼 떨어진 거리에 있기에 서로의 목소리를 들을 수 있는 것인지 궁금했다. 그런데 목소리는 세상 저편까지도 전해질 수 있기 때문에 거리는 중요하지 않다는 설명을 들었다. 그토록 믿어지지 않는 것을 어떻게 상상이나 할 수 있었겠는가?

소란스러움이나 미로 같은 거리, 무심한 시선은 둘째 치고, 가장 인상 깊었던 것은 사람들이 먹을 것을 갖다 주는 우리 안에 갇힌 동물들이었다. 왜 목초지에서 알아서 찾아 먹을 수 있게 자유로이 풀어 주지 않는 것일까? 짐승들을 훈련시킬 줄 몰라서 가둬놓아야 하는 것일까? 우리 양들은 스스로 풀을 뜯어 먹으러 나갔고 언제나 되돌아왔다.

나는 영화관에도 갔다. 그것은 상상도 못 해 본 경험이었다. 영화가 상영되는 내내 나는 겁에 질려 있었다. 새로운 영상이 비칠 때마다 소스라치게 놀랐다. 나는 현실과 허구의 구분을 끝내 이해하지 못했다. 내 눈에 보이는 것이 너무도 진짜 같아서 도무지 가짜라고 믿을 수가 없었다. 나는 영화가 끝난 뒤에도 넋을 놓은 채 그대로 있었다. 스크린에 비치는 빛만 멍하니 바라보았다. 어떻게 그 빛이 영상으로 바뀌는 것인지는 이해하지 못한 채. 생각지도 못했던 차원의 삶을 접하자, 며칠 사이에 몇 년은 늙어 버린 기분이었다. 고통과 성장을 한꺼번에 가져다준 그 놀라움을 나는 프랑스에서 또 한 번 경험했다.

모든 '첫 번째'의 매혹적인 자극을 다시 한 번 경험하기 위해 나는 여행한다.

여행은 자기 자신에게로 떠나는 것이며, 또한 그 여행은 타인과의 만남을 통해 이루어진다. 여행을 하는 동안 사람들은 삶이 아름답다고 느낀다. 그 순간에는 소유해야 할 것도 잃을 것도 없기 때문이다.

투아레그족 사람들이 삶을 통해 궁극적으로 배우고자 하는 것은 자기 자신으로 존재하기이다. 이는 곧 진정한 자아와 만나고, 자기 안에 평화를 실현하는 것이다. 우리는 배움을 얻기 위해 이 세상에 왔고, 그 배움을 통해 성장한다. 우리가 이 삶에서 겪는 모든 경험들은 영혼의 성장을 위해 주어진 것들이다. 삶이라는 커다란 운동장에서 우리는 여러 가지 경험을 하게 되고, 그 경험을 통해 삶을 이해하고 자기 자신을 이해하게 된다. 이러한 배움은 다른 사람들과 함께하는 시간 속에서 이루어진다. 자기 안에 평화를 발견하는 것도 중요하지만, 타인들과 조화를 이루는 것 또한 우리가 배워야 할 중요한 사항이다. 타인과 조화를 이루는 삶을 살려면 먼저 자기 자신과 평화로워져야 한다.

지혜는 다른 데 있지 않다. 자기 자신을 알고, 타인의 요구를 이해할 때 지혜가 생긴다. 자기 자신을 안다는 것은 또 스스로를 사랑한다는 것과 연관되어 있다. 또 타인의 요구를 이해한다는 것은 타인에 대한 사랑과 연관되어 있다.

어느 작가가 말하길 "최고의 앎은 인간에게서 인간에게로 전해지는 것이다."라고 했다. 보다 많은 곳을 여행하고 보다 많은 사람들을 만나 배우는 것, 이것이 내 여행의 목적이다. 100살을 살고도 평생 아무 곳으로도 떠나지 않은 사람보다는 절반을 살아도 보다 많은 것을 경험한 사람의 삶을 나는 더 가치 있게 여긴다.

여행은 타인들을 통과해 자신에게 이르는 것

'인간은 나그네다. 인간은 주인이 되려 하지만, 신은 단지 우리에게 땅을 빌려 준 것뿐이다.' (인도 속담)

문명 세계에 사는 한 친구가 말했다.

"난 신은 믿지 않지만 믿음은 있어."
내가 물었다.
"뭘 믿는데?"
"몰라. 하지만 난 믿어."

"넌 기도할 때 누구한테 말해?"

"난 기도하지 않아."

"보이지 않는 존재에게 한 번도 말해 본 적 없어?"

"뭣 하러?"

나는 대답하지 못했다. 어떻게 하면 그 친구에게 명쾌하게 말해 줄 수 있을까? 기도란 영혼의 숨결이요, 마음과 몸의 균형을 찾는 유일한 방법이라고. 신이 없다면, 정신은 더 이상 비상하지 못하고 어디로 가야 하는지도 모르며, 그 어떤 감각도 정신을 이끌어 주지 못한다고.

기도할 때 우리는 삶을 축복하기 위해 대지를 끌어안고 하늘을 향해 일어선다. 우리 유목민들에게 종교는 빛이며, 그 빛은 우리를 환히 밝혀 주고 고독에서 벗어나게 해 준다. 가장 깊은 사막에 있을 때조차 우리는 동틀 무렵이면 수천 명의 형제들이 우리와 함께 기도하고 있음을 안다.

우리는 우리의 믿음 때문에 고통 받는 것을 두려워하지 않는다. 어떤 상처는 성스러운 것이라는 점을 우린 아주 어릴 때부터 깨닫는다. 내가 네 살 무렵이던 어느 날 아침, 아버지가 말했다.

"오늘은 큰 축제일이란다."

야영지 사람들이 흰 숫양을 잡아 몸을 토막 냈고, 나한테는 양의 가죽을 주었다. 그러고는 내게 할아버지한테 가서 직접 드리라고 했다. 나는 내가 맡은 역할을 아주 중요하게 생각했다. 할아버지를 무척 좋아했기 때문에 기분이 으쓱해졌다. 내가 갖고 가기에는 양가죽이 너무 무거웠지만, 모래 위로 질질 끌며 할아버지의 천막까지 가져갔다. 내가 다가오는 것을 보고, 할아버지가 천천히 내 쪽으로 걸어오시더니 따라오라고 말씀하셨다. 우리는 어느 나무 발치로 갔다. 할아버지는 나를 바닥에 앉게 하시고는 말씀하셨다.

"오늘은 중요한 날이란다. 너를 축복하기 위해 할아버지가 네 피부를 조금 떼어낼 거란다. 남자 어른들은 모두 이 축복식을 받았단다. 축복식을 해 주는 것은 내 일이지. 할아버지가 널 다치게 하려는 게 아니라는 것은 너도 알겠지."

자신감에 넘쳐 있던 나는 얼른 바지를 내리고 고추를 보여 주었다. 하지만 할아버지가 칼을 꺼내자, 나는 비명을 지르며 할머니한테 달려갔다. 눈물을 흘리며 할머니 품에 와락 안겼다. 내가 기억하는 것은 그때의 아픔과 내가 느꼈던 자긍심뿐이다. 아팠지만, 모두가 축복식을 치른 어른 남자들 집단에 들어가게 된 것이다. 근본을 세우는 고통만을 겪게 되기를 나는 지금도 열망한다.

왜 교회들이 텅 비어 있는지, 왜 사람들이 자신들 영혼 속에서 그토록 외로운지 이해가 되지 않는다. 그렇지만 나는 정신성을 잃은 모든 나라들이 그들의 뜻과는 달리 믿음의 경계에 내몰려 있는 듯한 느낌이 든다. 그 나라 국민들은 명상의 시간이 필요하다는 걸 절감하고 있다. 사실 그들은 내가 기도하는 것을 보고 오늘날에도 여전히 믿음을 가질 수 있다는 것에 안도하는 듯하다. 종교적 이상 때문에 술을 마시지 않거나 돼지고기를 먹지 않는 것에 그들은 감탄을 금치 못한다. 그래서 나는 매우 고유한 투아레그족의 이슬람교에 대해 종종 이야기한다.

투아레그족의 이슬람교가 독자적인 것은, 우리가 코란의 가르침과 아랍의 전통이 뒤섞이는 것을 원치 않기 때문이다. 우리는 아랍문화와 종교 문화를 별개로 다룰 줄 안다. 코란은 우리 삶에 적용할 수 있는 기준들을 가르쳐 준다. 하지만 이슬람교에서는 한 남자가 여러 아내를 두는 것을 지지한다. 그것이 절대적이고 근본적인 메시지는 아니다. 이러한 율법은 전쟁시에는 쓸모가 있었을지 모른다. 대규모 전쟁 때는 실제로 사망자가 많았다. 따라서 남편을 잃은 여자들을 혼자 두지 않으려면 한 남자가 여러 아내를 거느려야 했다. 오늘날의 일부다처제는 사실 더 이상 존재 이유가 없다. 투아레그족에게 일부다처제는 유목생활의 방식에 어울릴 수 없는 까닭에 결코 현실적으로 받아들여질 수 없었다. 설사 일부다처제가 신의 계시에 정말로 포함되어 있다 해도, 우리 현실에는 적용시킬 수 없었다. 우리는 이슬람교의 계율에 따르되 우리의 방식대로 따랐다.

투아레그족은 이슬람교로 완전히 개종하지 않은 사막의 마지막 부족이다. 투아레그족은 종교를 강요당하는 것을 거부해 왔다. 우리는 우리 마음속에 깊이 닻을 내린, 이슬람교의 다섯 기둥(이슬람교도의 다섯 가지 의무)을 따르면서도 이러한 독립을 지켜왔다. 신과 그의 예언자 마호메트를 믿고, 날마다 다섯 번의 기도를 올리고, 라마단을 따르고, 일 년에 한 번씩 헌금을 바치고, 여력이 될 땐 성지 메카로 순례를 떠났다.

투아레그족은 이슬람교도의 길을 자유로이 선택한다. 우리는 이슬람교의 정신도 우리의 정신도 변질시키는 일 없이, 이슬람교를 마침내 우리 문화 속으로 녹아들게 만들었다. 우리는 그 맹세를 존중하기에, 인간이 아니라 신의 마음에 들고자 노력한다.

물질적인 것은 결코 정신적인 것을 대신하지 못할 것이다. 나는 늘 귀스타브 티봉(1903~2001, 프랑스 철학자)의 말을 머릿속에 담아 두고 있다.

"인간은 신을 믿을수록 신에게 이끌린다."

모두의 내면에는 신이 존재하므로, 자신이 뜻하지 않았음에도 불구하고 때때로 우리는 마음속으로부터 기도를 올리게 된다.

신과의 소통은 기도를 통해 이루어진다. 기도는 우리 투아레그족 삶의 매 순간에 깃들어 있다. 물론 회교 전통에 따라 우리는 하루에 다섯 번, 태양이 떠오르기 직전과 정오, 해가 지기 전과 저물고 난 후, 그리고 자기 전에 기도하는 시간을 갖는다. 그러나 그것은 하나의 의식에 불과하다. 끝없이 펼쳐진 사막과 수없이 많은 모래 알갱이들을 보며 우리는 신에 대한 경이로움을 느끼며, 밥을 먹고 차를 마시는 순간 신에게 감사한다. 삶을 이루는 모든 순간이 신의 뜻에 따라 움직이고, 세계를 구성하는 모든 생명체들은 신의 발현이다. 우리는 풀 한 포기와, 한 줌의 물과, 바람과, 꽃, 인간을 비롯한 크고 작은 모든 동물들에게서 신의 모습을 보고 그의 존재를 느낀다. 여기, 내가 있는 바로 이곳에 신이 있다. 저기, 내가 없는 곳에도 신은 존재한다. 그것을 알고 느끼는 것이 바로 신과 나누는 대화이다.

믿음의 형식은 아무래도 상관없다. 중요한 것은 믿는다는 것이다. 남편은 매우 독실한 가톨릭교도이고 아내는 유대인인 부부의 집에 한동안 머문 적이 있다. 성경과 토라, 코란이 한데 모이게 되었다. 식전 기도 때면 우리는 사실 같은 신을 향해 기도를 올렸다. 그때 나는 깨달았다. 사막에서 태어난 세 가지 위대한 일신교가 얼마나 서로 다른 언어로 공동의 하늘을 바라보고 있는지. 이들 모두는 비물질적인 것을 향하여 영혼을 고양시키기 위해 노력해야 한다는 같은 본질을 지니고 있다.

프랑스에 머문 지 몇 달쯤 되었을 때였다. 나는 만난 지 얼마 되지 않은 아가씨와 즐거운 시간을 보내고 있었.

그녀가 잡지를 뒤적이다가 내게 불쑥 말했다.

"이것 봐, 무사. 이 여가수가 내 이상형이야!"

"왜?"

"이 사람처럼 되고 싶거든."

"그 여자가 네 이상형이라고?"

"응. 예쁘지 않아?"

나는 말해 주고 싶었다. 예쁜 것은 잡지 속의 너무 슬프도록 완벽한 그 여자가 아니라, 통통한 몸매에 머리카락은 아무렇게나 흐트러지고 실수를 저지르는 너라고. 특히 이해가 되지 않는 것은, 어떻게 잡지나 텔레비전에 나온 모습이 이상형이 될 수 있는가 하는 것이었다. 이상이라는 개념이 그렇게나 힘을, 아름다움을, 정신적인 맹세를 잃을 수 있는 것일까?

어느 날 나는 잡지들을 재미있게 넘겨 보다가 너무도 놀랐다. 엑스(X)에게 버림받은 와이(Y)가 제트(Z)에게서 위로받았음을 알게 된 것이다. 이름깨나 날리는 유명 배우가 외로움이 힘들다는 이유로 개들과 어울려 지냈다는 기사를 읽으며 나는 당황스러웠다. 수천의 사람들이 그를 우러러보거늘! 내가 그 세계와 얼마나 동떨어져 있는지 깨달았다. 어째서 그런 잡지들이 그렇게 인기가 좋은지 궁금해 하자 친구들이 설명해 주었다. 사람들은 그 스타들을 통해 꿈을 꾸는 거라고. 내가 보기에 그들은 꿈꾸는 법을 다시 배워야 할 것 같았다….

물질주의는 인간을 고귀한 영혼을 지닌 존재가 아닌 육체를 가진 하나의 물질로 취급한다. 각자가 지니고 있는 고유한 영혼의 가치를 잊고 많은 사람들이 인기 있는 배우나 스타를 닮길 원한다. 여성의 육체는 상업화되었고, 인간과 인간의 만남은 사업을 위한 수단과 육체적 욕망을 해소하는 관계로 변형되어 그 본래의 가치를 잃었다.

가슴이 뒤따르는 삶을 살아간다면, 그리고 모든 존재들이 고귀한 혼을 지닌 스승들이며 마음과 마음이 만났을 때 진정한 삶이 열린다는 것을 잊지 않는다면, 이러한 이상 현상도 치유될 수 있을 것이다.

문명 국가들에서는 자기 존재의 유일함이 지니는 가치 안에서 비상하는 열망이 아니라, 자기가 소유하지 못한 것을 '이상'이라 부른다. 왜 그 모든 사람들이 자기 안에서 빛을 내려고 노력하지 않고, 가까이 다가갈 수 없는 이미지와 자신을 비교하는 것인지 이해가 되지 않는다.

나의 이상은 내 가족 안에서 비상했다. 가족과 함께 나는 모든 어린 시절을 사막에서 보냈다. 유목을 통해 여러 장소들을 이동하면서 나는 일찍부터 '떠남'의 의미와 가까워졌고, 새로운 곳을 향한 또 다른 '떠남'을 언제나 꿈꾸어 왔다. 잠이 오면 어디서든 잠을 청할 수 있었다. 짐승들 곁에서, 하늘 아래서, 모닥불 옆에서, 혹은 나무 아래서, 언제 어디서든 나는 내가 원하는 장소에서 평화로이 잠들 수 있었다.

어머니는 투아레그의 전통 악기인 임자드(투아레그족의 바이올린)를 잘 연주했다. 밤이 내리면 어머니는 내 곁에서 임자드를 연주해 주시고는 했다. 그것은 내게 아름다운 기억으로 남아 있다. 어머니의 연주와 별들의 속삭임, 광대한 사막과 하늘의 보호 아래 잠이 들고, 또 아침이 되어 눈부신 태양과 함께 눈을 뜨는 것은 내게 하나의 신비였다.

성장해 가면서 나는 사냥을 배우고 짐승들을 돌보고 초목을 찾는 법을 배웠다. 나는 자연과 한몸이 되어 살았다. 내게는 많은 동생들이 있다. 거의 두 해마다 새로운 동생들이 태어났다. 그들과도 나는 많은 시간을 함께 보냈다. 나의 어머니는 투아레그 부족들 사이에서 매우 유명한 사람이었다. 많은 사람들이 어머니의 임자드 연주와 그녀의 얘기를 듣기 위해 찾아오곤 했다. 어머니는 모래를 가지고 미래를 점치기도 하고 찾아오는 사람들에게 조언을 해 주기도 했다. 그러한 어머니에게서 나는 많은 것을 배웠다. 인생에 필요한 거의 모든 것들을 어머니에게서 배웠다고 해도 과언이 아니다.

어린 시절에 대한 추억과 어머니에게서 배운 모든 것들은 언제나 내 안에 살아 있다. 유년기, 카메라 앞에서 멋진 포즈를 취하고 찍은 사진은 단 한 장도 없지만, 내게는 그 시절의 이미지들이 너무도 선명히 가슴속에 각인되어 남아 있다. 때로 나는 내가 아직 아이라고 느낀다. 내 영혼은 그 시절의 어린 나와 언제나 함께 있으며, 그 시절 꿈꾸었던 기억들을 여전히 가슴속에 품고 있기 때문이다. 그래서 어쩌면 내가 프랑스에 온 이후로 해 온 거의 모든 일들이 어린이들과 연관되어 있었는지도 모른다. 초등학교를 돌며 아이들에게 이야기를 들려주는 일도 그렇고, 모래학교에서 투아레그 아이들을 교육시키는 일도 그렇다.

내 어머니의 짧은 삶이 여전히 나를 이끌어 주고 있다. 어머니는 아주 젊었을 때 아버지와 결혼했다. 부모님은 서로를 선택했고 사랑했다. 두 사람은 탕데(낙타 달리기 시합 때 반주 악기로 쓰는, 양이나 염소 가죽으로 만든 탐탐) 축제 때 우연히 만났다. 어머니는 노래를 부르고 탕데를 두드렸고, 아버지는 시합에서 이겼다. 시합 때 노래를 불러 준 여자에게 승자가 관심을 갖는 것을 모두가 당연시했다. 부모님은 전에 만난 적이 있었다. 아버지는 군복무를 마치고 돌아온 터였다. 오랫동안 고향을 떠나 있다가 돌아온 아버지가 여인이 된 어머니와 다시 만난 것이다. 두 사람은 결혼했고, 아홉 달 뒤에 내가 태어났다.

어머니는 매우 현실적이면서도 감성적인 삶을 살았다. 어머니는 말솜씨가 좋아서 어린 나뿐만 아니라 주위 천막에 사는 사람들도 매료시켰다. 어머니의 이야기는 우리로 하여금 끊임없이 꿈을 꾸게 만들었다.

나는 부모님이 다투는 것을 한 번도 보지 못했다. 부모님이 나누는 말씀은 늘 옳게 여겨졌다. 특히 어머니는 강인하고 성실한 여인이었다. 그늘의 온도마저 50도에 육박하던 그날을 나는 오래도록 기억할 것이다. 우리는 한창 라마단 기간을 보내고 있었고, 어머니는 힘들어했다. 내 여동생을 막 임신한 때여서, 어머니는 몸이 몹시 허약해져 있었다. 어머니에겐 하루하루가 일 년만큼이나 긴 듯했다. 게다가 우리는 새 목초지를 찾아야 했다. 그 일은 더 많은 기력을 필요로 했다. 새 야영지에 도착한 어느 날, 기진맥진한 어머니가 기도하기 위해 손을 씻었다. 어머니가 힘들어하는 것을 보다 못한 나는 조금이라도 물을 마시라고 애걸하며 울음을 터뜨렸다.

하지만 어머니는 거절했다. 어머니는 아들에게 기쁨을 주어서도 안 되고, 당신의 고통을 달래서도 안 되었다. 당신의 믿음에 대한 약속이라는 더 큰 이유가 어머니를 이끌고 있었던 것이다. 어머니는 그날 내게 큰 가르침을 주었다. 바로 자신이 한 약속을 한 치의 흐트러짐도 없이 지키는 법이었다.

우리는 축제 속에서 자라났다. 거의 매주 어머니는 장작불 옆 한 구석에서 저녁 모임을 열었다. 어머니는 능숙하게 연주하는 임자드 선율에 맞춰 노래를 불렀다. 삶을 미소 짓게 만드는 어머니만의 방식이었다. 내게 눈을 크게 뜨라고 가르쳐 준 이는 어머니였다.

어머니에겐 암소 다섯 마리가 있었다. 언제나 다섯 마리였다. 아주 젊었을 적에 어머니는 모래 속에서 소들의 흔적을 찾아내는 방법과 젖 짜는 법을 내게 가르쳐 주었다. 1984년의 엄청난 가뭄이 몰아닥치기 직전, 어머니는 꿈속에서 당신의 소들이 죽게 되리라는 걸 알았다. 어느 날 아침, 야영지의 가족들이 우리 천막에서 차를 마시고 있을 때 어머니가 꿈 이야기를 했다. 소들을 모조리 데려가는 기괴한 거인 꿈을 꾸었다고 했다. 모두가 좋지 않은 전조임을 느꼈고, 그 전조는 몇 주 뒤에 현실로 나타났다.

극심한 가뭄이 우리의 야영지들을 할퀴고 지나간 두 해 뒤, 할아버지 아다는 가오에 있는 병원에 입원하고 계셨다. 타보예에 장이 선 어느 날, 어머니는 외할아버지를 만나야겠다고 결심하셨다. 온 가족이 다시금 모였다. 아버지는 어머니가 얻어 타고 갈 지프의 자리 하나를 흥정했다. 그 뒤에 우리는 야영지로 돌아왔다. 어머니는 내 막내 여동생을 안고 떠났다. 가는 길에 어머니는 기도할 수 있도록 차를 세워 달라고 부탁했다. 어머니의 기도가 끝나자 지프는 다시 출발했다. 가오에 도착했을 때 차에 함께 타고 있던 사람들은 어머니가 딸을 품에 안은 채 숨져 있는 것을 발견했다. 할아버지는 지프가 병원으로 다가오는 소리를 들었을 때, 아침부터 예감했던 나쁜 소식이 도착했다는 걸 알았다. 게다가 할아버지는 불길한 하루가 될 거라는 걸 주위 사람 모두에게 일러둔 터였다. 어머니는 투아레그족의 묘지에 묻혔고, 몇 달 뒤에 돌아가신 할아버지와 합장되었다.

내가 아직 어린 꼬마였을 때 어머니가 말한 예언으로 어머니의 수수께끼 같은 죽음을 설명해야겠다. 그 시절에 우리 가족은 당신 딸이자 내 고모인 랄라의 집에 계신 친할머니 가까이에서 머물려고 가오에서 살고 있었다. 어머니는 도시 생활을 견디지 못했다. 어머니는 종종 내 손을 잡고 멀리까지 걸어가곤 했다. 요컨대 마음껏 숨 쉬기 위해서였다. 우리가 집을 나설 때면 어머니는 절대로 도시에 다시 오지 않겠다고 단언했다. 어머니는 다시 왔고 돌아가셨다. 어머니의 바람이 이뤄진 것이다.

어머니가 내게 물려준 힘과 본질과 아름다움의 메시지를 결코 저버리지 않기를 나는 갈망한다. 늘 위대함과 힘의 이상을 향해 나아가라고 내게 가르쳐 준 분은 바로 어머니이다.

나는 프랑스인들 속에 녹아들려고 노력했다. 눈에 튀지 않기 위해, 무엇보다 남들이 나를 받아들이도록 하기 위해 유럽 사람들처럼 옷을 입으려고 애썼다. 학생 사진을 함께 찍은 그날까지는. 서른 명쯤 되는 우리는 수영장 주위에 수영복 차림으로 있었다. 하얗지 않은 것은 나 하나뿐이었다. 우리가 사진을 찍고 났을 때, 네 살배기 여자 아이 앙젤리크가 나에게 왔다.

아이가 말했다.

"아저씬 흰 살결 위의 검은 점 같아요."

검은 점…, 다름의 아름다움. 그 말에 나는 큰 감명을 받았다. 다른 이들과 닮아 보이려고 애써 왔는데, 아이의 말에 문득 내가 어떤 투아레그족인지 떠올랐다. 나는 무엇보다도 사막과 짐승들과 자연을 통해 만들어진 투아레그족이었다. 나 자신으로 남는 법을 다시 배워야 한다는 것을 깨달았다.

모든 사람이 똑같은 생각을 가질 필요는 없다. 그렇다면 세상은 얼마나 재미없는 곳이 되겠는가. 모든 사람들이 자신과 같은 생각을 가지고 있다면 지구상에 존재하는 갖가지 언어들은 생겨나지도 않았을 것이다. 따라서 자신과 생각이 다르다고 해서 타인을 판단하거나 설득하려 해서는 안 된다. 다름을 인정하고 받아들여야 한다. 물론 이해가 가지 않는 타인의 생각을 보다 잘 이해하기 위해 대화를 시도할 수는 있다. 하지만 대화를 할 때 버려야 할 점은 자신만이 옳다고 생각하는 자만심이다. 마음을 열고 타인의 말에 귀 기울인다면, 서로의 다른 점을 다양성으로 받아들일 수 있다.

왜 나 아닌 내가 되려 하는가? 몸의 검은 점들은 비밀스러운 매력을 한껏 더해 준다. 내 피부색, 내 영혼을 과감히 긍정하고 자부심을 가질 것. 그날 이후로는 내가 하고 싶은 대로 투아레그족 옷차림으로 거리를 활보했다. 타인들이 얼마나 나를 더 기꺼이 받아들이고 인정해 주는지 깨달았다. 그렇게 차려입으면 나는 피에르도, 폴도, 자크도 아닌 무사였다.

더 어릴 적의 어느 날, 아버지한테 내 피부색은 어느 쪽이냐고 물어보았다. 바마코에서는 흑인 축에 들지 못하고, 사막에선 백인도 아니었기 때문이다. 아버지는 이렇게 대답했다.

"흑인들은 환해지려고 애쓰고, 백인들은 그을리려고 애쓰지. 넌 둘 다구나. 세상사람 모두가 찾으려는 걸 넌 갖고 있잖니. 너대로의 모습으로 살아라."

그것은 자신의 삶을 작품으로 만드는 단 한 가지 방법이다.

현대 사회는 대지와 너무 멀리 떨어져 있다. 대지는 우리의 어머니이며, 어머니 대지는 정신적이고 물질적인 양식을 우리에게 제공한다. 그러한 대지와 우리는 한몸이다. 어머니 대지가 행복하면 우리 자신도 행복하다. 피부색이 다르고 나이와 성별과 국적이 다르더라도 우리는 모두 한 어머니와 아버지를 둔 형제자매임을 잊어서는 안 된다. 어머니 대지와 아버지 하늘 아래 우리 모두가 서로 연결되어 있다는 것을 깨닫는다면 경찰이나 무기와 군대가 없더라도 우리는 모두 함께 평화로이 살 수 있을 것이다.

이제 나는 확신한다. 내 뿌리를 부정하지 않고 다른 문화에 동화되는 법을 아주 어릴 적부터 배운 것이 바로 내 힘이라는 것을. 나는 말리 사람이기 전에 투아레그족이기 때문이다. 그런데 가장 훌륭한 교육은 상황 변화에 적응하는 법을 가르치는 것이다. 타보예에서 송가이족을 만났을 때 나는 이방인이었다. 말리에서는 한 나라의 국민이기에 앞서 부족에 따라 우리 자신을 정의한다. 내가 사는 곳에서 불과 몇 킬로미터 떨어진 곳에 내 문화를 이해하지 못하고 나 또한 그들의 규범을 전혀 모르는 사람들이 살고 있다는 것을 인정하기란 힘들었다. 따라서 타보예에서는 내게 선택의 여지가 없었다. 나는 송가이족에 대해 배우고 내 유목민의 습관은 한쪽으로 제쳐 두었다. 열세 살 무렵부터는 또 다른 문화에 녹아들되 내 자신의 문화를 결코 잊지 않는 법을 배워야 했다.

유목민들은 언제나 출발점으로 되돌아온다. 자신들의 영혼을 남겨둔 곳을 항상 찾아내기에 떠난 뒤엔 반드시 돌아온다. 그들은 달아나는 게 아니라 풍요로운 대지를 찾아다니는 것이다. 그들에게 떠날 길을 안내하는 것은 바로 대지이다. 그들의 걸음에는 의미가 있다. 태어난 땅에서 죽기를 꿈꾼다. 수년이 지난 뒤라도 그 고장의 아이들은 고향으로 되돌아온다. 사람은 자신의 뿌리를 부정할 수 없는 법이다.

이웃에 사는 프랑스 여성 셀린은 계속 직장을 옮겨 다닌다. 판에

박힌 일상에 짓눌려, 어디서건 갇힌 기분인 것이다. 그래서 그녀는 끊임없이 도피 여행을 갈망한다. 탐험하고 발견하기 위해서가 아니라, 휴식을 취하고 삶에서 도망치고 결국 숨을 쉬기 위해서 떠나려 하는 것이다. 마치 일상이 그녀의 눈빛을 꺼 버린 것처럼.

그녀와 이야기를 나눌 때 나는 자주 말한다. 그녀 자신의 일상적인 삶으로 여행을 떠날 수 있어야 한다고. 왜냐하면 어디를 가든 그녀의 뿌리가 언제나 그녀를 잡아챌 것이기 때문이다. 도망치는 사람은 여행할 줄을 모르는 것이다. 유목민은 아무것도 피하지 않고 앞으로 나아간다. 나는 나 자신을 풍요롭게 하고 더 멋진 사람으로 돌아가기 위해 나의 터전을 떠난 것이다. 내가 받은 교육이 어떤 것이었는지 다른 곳에서 대면하면서, 그 교육의 힘과 훌륭함을 깨달았다.

프랑스로 떠나오기 전에 사막에서 보낸 마지막 몇 시간을 마음속에 깊이 간직하고 있다. 돌아가게 되리란 것은 알았지만, 몇 년이나 야영지를 떠나 있게 될지는 알지 못했다. 바마코에 살 땐 방학 때마다 사막으로 돌아갔다. 프랑스로 떠나기로 결심했을 때에는 이번이 마지막이고 아마도 오랜 시간이 흐른 뒤에야 사막으로 돌아가게 되리라는 것을 알았다. 그래서 사막의 빛깔이며 모래, 내가 그토록 사랑한 모래 언덕, 내가 태어나는 것을 지켜봐 준 지평선, 그 침묵, 그 위대한 아름다움을 내 안에 새기기 위해, 사막의 아름다움을 음미하고 있었다.

황금빛으로 반짝이는 모래 언덕은 참으로 아름답다. 그곳에서 태어나 자라왔지만 나는 아직도 사막의 아름다움에 감탄하곤 한다. 둥글게 완만한 곡선을 이루며 솟아오른 모래 언덕들은 알몸으로 누운 여인들이다. 그 언덕들은 바람이 만들어 낸 걸작품이다. 바람의 손을 빌어 신이 만들어 낸 걸작품이다.

사막 모래의 황금빛은 물의 기억에서 왔다. 생명에서 왔다는 말이다. 먼 옛날 사막은 바다였다. 바다는 어머니다. 대지와 같이 그 안에 생명을 품고 있는 어머니인 것이다. 그러나 사막이 황금빛 모래 언덕만으로 이루어진 것은 아니다. 사막에도 다양한 종류가 있고, 모래 언덕 위에서 피어나는 작은 꽃들도 있다. 아무것도 살 수 없는 불모지인 것 같지만, 그 안에도 다양한 종류의 생명체들이 살아 숨 쉬고 있는 것이다. 그 생명체들을 알아보기 위해서는 마음을 열어 두어야 한다. 진정으로 눈을 뜨고 있어야 한다. 생명의 신비에 눈뜨는 것은 신성과 연결되어 있다. 사막은 그 생명에서, 그 신성함에서 황금빛을 얻는다.

사막을 떠나기 전 얼마 남지 않은 시간에 대한 향수가 대기를 떠다녔다. 나는 아버지에게 내 뜻을 알려야 했다.

우리는 장작불 옆에 함께 있었다. 밤이 내리고 가축 떼는 야영지로 돌아가고, 싸늘한 한기가 아주 서서히 엄습해 왔다. 나는 그 침묵을 깨뜨리기로 마음먹었다.

"아버지, 저 프랑스로 떠나요. 언제 돌아올지는 모르겠어요."

아버지는 그날이 올 거라는 걸 알고 있었다. 아버지가 나를 쳐다보았다. 아버지의 말은 간단했다.

"행운을 빈다."

한 아저씨가 나를 말리려고 내게 자기 딸과의 결혼을 제안했다. 그녀는 다정하고 아름다웠다. 하지만 나는 그런 삶, 그런 사랑을 맞을 준비가 되어 있지 않았다. 내 마음은 세상을 발견하고 싶은 억누를 수 없는 욕망에 사로잡혀 있었다.

이튿날, 내가 떠나는 것을 보기 위해 온 가족이 우리 천막 앞에 모였다. 나는 망설였다. 무엇이 나로 하여금 나의 대지를 떠나게 하는 것인지 더 이상 알지 못했다. 나는 다른 곳을 약속하는 하늘을 바라보았다. 그 순간 내가 하고 있는 일이 옳다는 것을 알았다. 확신했다. 그래서 뒤돌아보지 않고 떠났다. 아버지가 가오까지 배웅해 주었다. 나는 마지막 평화의 시간인 양 그 여정을 음미했다.

가오에서 버스에 올랐을 때, 나를 빨아들이는 미지가 두려웠다. 아버지는 내 눈에서 내가 느끼는 혼란스러움을 보았다. 아버지가 짤막하게 말했다.

"가거라. 네 삶이 널 기다리고 있다."

언젠가 내 오랜 친구 티암이 해 준 이 말은 영원히 가슴에 남아 있을 것이다.

"여행이란 많은 타인들을 통과하면서 자신에게서 자신으로 떠나는 거야."

지도를 따라가지 말고 별을 따라가라

어느 날 프랑스인 친구들 집에서 저녁을 먹을 때였다. 나는 여덟 살쯤에 겪은 폭풍에 관한 놀라운 이야기를 들려주었다. 매우 연로하신 할아버지와 함께 야영지 근처에서 풀을 뜯고 있는 새끼 낙타들을 찾아 나섰을 때의 일이다. 나는 할아버지의 지팡이를 잡고 할아버지보다 앞서 걸으며, 할아버지가 걸어오실 수 있도록 도와 드렸다. 사람들은 할아버지 연세가 백 살쯤 되었다고들 했다. 사막에서는 드문 일이었다. 그때 갑자기 모래폭풍이 몰아쳤다. 누렇고 검은 구름이 우리 쪽으로 몰려왔다. 나는 "할아버지, 할아버지!" 하며 소리쳐 불렀다. 할아버지는 침착하라고 말씀하시고는 사막의 폭풍은 이것이 처음도 아니고 마지막도 아닐 거라고 설명해 주셨다. 그러니 단지 받아들이고 기다려야 한다고 말씀하셨다. 내가 할아버지를 보호하고 싶었는데 오히려 할아버지가 나를 도와주셨다. 할아버지는 당신의 커다랗고 긴 윗옷으로 나를 감싸 주셨다. 모래바람이 다가왔고, 우리는 어둠 속에 빠져 있었다. 나를 안심시키기 위해 그 와중에도 이런저런 이야기를 들려주시는 할아버지의 목소리가 들려왔다.

할아버지가 윗옷을 치우셨을 때 하늘은 개어 있었다. 그런데 우리가 있는 곳만 빼놓고 사막 위로 비가 내리기 시작했다. 나는 설명을 구하려 하지 않았다. 우리는 빗방울 속을 지나갔고, 나는 그 신비를 받아들였다. 그저 이렇게만 생각했다. 할아버지가 자연에게 우리를 보호해 달라고 부탁한 게 틀림없다고. 그리고 자연은 그 말을 들어준 것이다. 프랑스인 친구들은 있을 수 없는 이야기라고, 어린애들한테나 먹혀들 이야기라고 웃어넘겼다. 나는 그들이 경이로움을 받아들일 줄 모르는 거라고 말했다. 친구들은 모든 일에는 이유가 있고 설명이 따라야 한다고 주장했다. 그들은 보이지 않는 존재의 힘을 부정했다.

나의 어린 시절은 늘 신비로운 일들로 가득했다. 나는 수수께끼 같은 일들에 대해 결코 설명을 요구하지 않았다. 유목민의 정신은 직감을 길들이지 않기 때문이다.

어느 날 아침, 이모가 이모부에게 말했다. 오빠네 집에 가야 하니까 낙타와 당나귀를 데려다 달라고. 이모는 오빠인 함마디 삼촌에게 뭔가 좋지 않은 일이 일어났다고 확신했다. 이모 부부는 낙타와 당나귀에 짐을 실었다. 이모는 두 아들에게는 아버지 자리를 대신해 달라고 부탁했고, 두 딸에게는 살림을 부탁했다. 이모는 이모부와 함께 일주일 동안 집을 비울 거라고 아이들에게 얘기해 두었다. 이모가 삼촌의 야영지에 도착했는데, 아무도 마중 나오지 않았다. 사람들이 울고 있었다. 이모가 사람들에게 나아가 말했다.

"오빠가 죽었군요."

정말로 함마디 삼촌은 그날 아침에 숨을 거두었다.

우리에게 있어 정령들은 허구나 상상속의 존재가 아니라 실체를 가지고 있다. 정령들은 우리 삶의 한 부분을 차지한다. 내 동생은 이마 위 눈썹 부근에 정령들이 남겨 놓은 불가사의한 자국이 있다. 어느 날 밤, 아버지는 사막 한가운데에 있는 나무 발치에서 잠을 자기로 마음먹었다. 한밤의 꿈속에서 아버지는 정령들과 싸웠다. 아버지는 당신의 검을 가지고 계속 싸웠는데, 정령들이 그 검을 부러뜨려 버렸다. 검의 부러진 조각이 아버지의 눈썹 주위에 떨어졌다. 잠에서 깬 아버지는 그 싸움이 한낱 꿈이 아니라는 것을 알아차렸다. 미심쩍은 마음에 아버지는 당신의 검을 살피러 갔고 검이 부러져 있는 것을 발견했다. 그 무렵 어머니는 내 남동생을 임신하고 있었다. 동생이 태어났을 때 동생의 이마에는 정령들이 남긴 흔적이 새겨져 있었다. 동생은 꿈속에서 벌어진 싸움으로 인해 생긴 흉터를 가지고 태어난 것이다.

우리 투아레그족 전통에서는 아이들이 부모의 고통이 남긴 상흔을 갖고 태어난다고 믿는다. 이러한 이유에서, 임신한 여자는 성스러운 존재로 여겨진다. 내가 태어나기를 기다리던 어머니가 앓아 누웠는데, 뜨내기 의사들이 어머니 어깨에 주사를 놓았다. 주사를 맞고 난 뒤, 어머니는 가슴에 상처를 입은 듯한 느낌이었다.

내가 태어날 때까지 어머니는 가슴의 통증을 앓았다. 하지만 내가 태어나자 어머니의 고통도 말끔히 사라졌다. 내 가슴께에는 흉터가 있고, 지금도 눈으로 확인할 수 있다.

우리 부족의 현자들은 자연이 전율하기 전인데도 폭풍이 몰아칠 것임을 안다. 그들만이 감지할 수 있는 공기의 떨림으로 알아차리는 것이다. 태어날 때부터 우리는 우리에게 방향을 보여 주고 옳은 행동을 해 나갈 수 있게 해 주는 생명의 신호에 귀 기울이는 법을 배운다. 우연이 우리를 이끈다. 나는 아마두 함파테 바(1901~1991, 말리의 위대한 역사가이자 소설가)의 이 문장을 자주 떠올린다.

"우연, 그것은 익명으로 남고자 하는 신들의 의지이다."

나는 생텍쥐페리를 만나겠다는 꿈을 안고 프랑스에 도착했다. 그가 이미 고인이 된 줄은 몰랐다. 툴루즈의 그랑발콩이라는 한 호텔에서 열린 항공우편 전시회를 찾았다. 우리는 생텍쥐페리의 방인 32호실을 찾게 되었다. 그를 찾아보려고도 하지 않았는데, 나의 유년기 전체를 이끌어 주고 나를 프랑스로 오게 만든 그 사람의 방에 있게 된 것이다.

우리가 내면의 길을 따라갈 때 운명의 눈짓은 그 길을 계속 가도록 우리를 격려해 준다. 자연의 표지가 대답 없이 남아 있는 질문에 답을 주기를 나는 늘 기대한다. 문명화된 나라에서 이성은 물질적인 것, 구체적인 것 안에서만 힘을 발휘한다. 내게 조언을 구하는 프랑스인들에게 "생명의 소리에 귀를 기울이라."고 대답해 주면, 그들은 놀라며 침묵한다. 하지만 나는 그들이 이해했음을 마음속으로 알고 있다.

당신들의 기술적인 발견은 우리에게 수수께끼이다. 우리에게서 완전히 벗어나 있는 어떤 과학적 진리를 믿는 것보다 보이지 않는 것을 믿는 것이 우리에겐 더 확실해 보인다. 학교에서 지구가 스물네 시간 자전한다고 가르칠 때 우리는 그걸 농담으로 받아들였다. 그런 확신을 우리는 믿을 수 없었다. 지구가 돈다면 왜 집은 매일 같은 방향에 있고, 왜 문은 남쪽을 향해 있을까? 어떻게 기계가 자연의 명백한 사실들을 뒤흔들어 놓을 수 있는 것일까? 수업은 받았지만 마음속으로는 거짓이라고 확신하고 있었다. 수업이 끝난 뒤, 우리는 우리가 느끼지 못하는 지구의 움직임에 골몰한 채 열띤 토론을 벌였다. 우리에게 과학적인 설명은 초자연적인 현상보다 더

불가사의하게 여겨졌다.

어린 소년이었던 나는 라디오 소리가 어떻게 우리에게까지 이르는 것인지 이해하지 못한 채, 라디오를 듣고 있는 아버지를 몇 시간이고 물끄러미 바라보았다. 어느 날 아버지가 라디오를 천막 안에 둔 채 염소들을 찾으러 나가자, 나는 그 안에 숨어 있는 사람을 찾아내려고 라디오를 몰래 분해했다. 하지만 아무것도 없었다. 뒤엉킨 전선들뿐이었다. 나는 몹시 실망했다. 어떻게 이 전선들이 말을 했던 거지? 이 전선들이 어떤 괴상한 요술을 부리는 것일까? 왜 아무도 들어 있지 않은 거지? 나는 결국 그 수수께끼 같은 목소리들과 함께 살게 되었다.

이제는 내가 그 수수께끼 같은 목소리들 중 하나가 되었다. '라디오 프랑스 앵테르나시오날(Radio France Internationale)'에서 방송되는 몇몇 프로그램에 정기적으로 나가고 있으니까 말이다. 거대한 사막의 외로운 유목민들에게 말을 걸기 위해 나는 어린 소년이었던 나를 기억 속에 간직한다.

투아레그인을 나무에 비유한다면 '아카시나무'라고 할 수 있다. 아카시나무는 매우 강한 생명력을 지니고 있다. 사방으로 가지를 뻗어 깊은 그늘을 만들고 강한 생명력으로 어디에서든 번식한다. 그리고 그 뿌리는 언제나 수원을 찾아 지하 30미터 아래에 머문다. 우리도 마찬가지이다. 투아레그인들은 언제나 자신의 뿌리가 어디 있는지 알고 있으며, 유목을 통해 많은 장소를 떠돌지만 그 영혼은 늘 그 뿌리와 맞닿아 있다.

왜 사막이 그토록이나 투아레그족의 가슴에 뿌리 박혀 있는지 전하는 신비로운 전설 하나가 있다. 이 이야기는 모든 민족이 유목민이 되어 안식의 땅을 찾아 나섰던 시기에 태어났다. 사하라는 언제나 높은 관문이었다. 사막을 가로지르던 사람들이 사막에게 자신들을 소개하고 이렇게 말했다.

"우리는 사하라에서 살고 싶습니다."

사막이 대답했다.

"나는 뜨거운데."

"문제없습니다."

"나는 추운데, 그것도 몹시."

"문제없습니다."

"내겐 물도 충분치 않은데."

그러자 그들은 말없이 물러났다.

다른 민족이 사막을 지나갔고, 똑같은 대화가 시작되었다. 사막이 바람이나 고독, 작열하는 빛을 언급하자 그들은 달아났다.

어느 날, 투아레그족이 당도했다. 사막은 인간의 생명에 적대적인 그 땅에 내재된 온갖 두려움에 대해 말했다.

"여긴 빛이 너무 강한데."

"우리에겐 두건이 있습니다."

"추운데."

"우리에겐 간두라(아프리카 지방에서 주로 입는 소매 없는 옷)가 있습니다."

"비도 거의 내리지 않는데."

"우리에겐 우물과 호리병이 있습니다."

"난 거대한 침묵인데."

"우리 마음속에 담아 둘 자리가 있습니다."

"내게서 뭘 바라는가?"

"우리는 평화롭고 싶습니다."

"그렇게 될 걸세."

"자유롭고 싶습니다."

"그렇게 될 거야."

"우리 적들에게 맞설 힘을 갖고 싶습니다."

"갖게 될 거야."

그렇게 해서 투아레그족과 사하라 사이에 계약이 맺어졌다. 그 계약은 여전히 유효하다.

누군가 투아레그족과 싸우고 싶다면, 사막에서 싸우려 해선 안 된다. 지게 될 테니까. 아무도 그들만큼 사하라를 알지 못한다. 사막의 정령이 그들을 지켜 주는 것이다. 투아레그는 '리비아의 타르가 사막에 사는 사람들'이라는 뜻의 아랍어에서 유래한 말이다. 그러나 우리는 우리 자신을 그렇게 부르지 않는다. 우리에게는 타마셰크라는 언어가 있다. 그 언어를 사용하는 이들이란 뜻으로 타마

세크라고 부르거나, 베일을 쓰는 사람들이라는 뜻의 타길무스트, 혹은 이모하라는 이름으로 우리는 우리 자신을 지칭한다. 이모하 는 자유인이란 뜻이다.

사막에서 우리는 목초지가 더 이상 없으면 떠나고, 아직 남아 있으면 머물렀다. 우리는 아무것도 예측하지 않아도 되었다. 단지 요람과도 같은 자연의 가벼운 흔들림에 우리 자신을 내맡겼다.

앙제에서 내가 처음으로 대학 수업을 받기 전날 밤, 프랑스 친구인 장 프랑수아가 자명종을 몇 시에 맞춰 놓아야 하느냐고 내게 물었다. 나는 그 물음에 몹시 놀랐다. 말리에서 우리는 태양과 함께 눈을 떴다. 바마코에서도 모두가 염소의 울음소리, 자동차 소리, 아이들이 떠드는 소리와 함께 새벽에 깨어났다. 우리는 늦잠이라는 걸 몰랐다. 중요한 것은 시간이 아니라 빛이었다.

결국 나는 잠에서 깨어나는 고통을 경험해야만 했다. 꿈을 갈기갈기 찢어놓는 끔찍한 '따르릉따르릉' 소리. 늘 지각을 한 탓에 나는 하루를 시간표 속에 가두는 법을 배웠다. 하지만 시간과 함께 흐르듯 사는 걸 좋아하는 나는 시간표를 체계적으로 짜지 못했다. 장 프랑수아가 내게 수첩 하나를 건네주었고, 나는 일정표와 하나가 되어야 했다.

나는 오랫동안 궁금했다. 어떻게 사람들이 예기치 않은 일에 아무런 여지도 남겨 두지 않고 일을 미리 빈틈없이 짜려고들 하는지. 삶을 앞서 계획하면서, 어떻게 삶을 창조하려 하는 것일까? 나는 내 수첩 속에 우연을 위한 빈자리를 남겨 둔다. 예기치 않은 것을 위해 숨 쉴 자리를. 우리가 눈을 떴을 때 우리를 도울 줄 아는 삶의 무한한 다양성에 나 자신을 내맡기고 싶다.

사막에서 길을 잃거나 우물을 찾고자 할 때 우리는 우리가 아는 대지의 아주 작은 맥박에도 극도의 주의를 기울여, 어떤 신호의 안내를 받는다. 확신을 갖고 있기에 예견할 필요가 없다. 우리는 떠나고, 길에서 뜻하지 않게 만나는 우연에 자신을 내맡긴다.

일고여덟 살 때 나는 삶의 메시지에 귀 기울이는 법을 배웠다. 그때 나는 목초지에서 홀로 염소와 양 떼를 몰았다. 가뭄이 사막을 척박하게 만들기 전까지는 짐승들을 위한 초목이 충분했기에 야영지에서 멀리 떠날 필요가 없었다.

그날 어머니가 내게 말했다.

"사막을 경계하거라. 신이 너와 함께 하시기를."

나는 어머니와 포옹했다. 어머니의 말을 귀담아 듣지는 않았다. 사막은 언제나 내 친구였기 때문이다.

나는 정오쯤에 목초지에 도착했다. 새끼 양들과 뛰어논 뒤에 아카시나무 그늘 아래에서 낮잠을 잤다. 좋지 않은 예감에 눈을 떴다. 자욱한 구름 같은 거대한 모래 바람이 내 쪽으로 다가오고 있었다. 그때 어머니 말씀이 떠올랐다. 내가 하늘의 소리에 귀를 기울이고 있었다면, 하늘의 명백한 위협과 마주하고서 눈을 감지 않았다면, 때맞춰 야영지로 돌아갈 수 있었을 텐데. 그런데 나는 대지의 기습을 충분히 경계하지 않은 것이다. 너무 늦은 터였다.

나는 공포에 사로잡혔다. 야영지로 돌아가고 싶었다. 가축들을 데리고 아침의 흔적을 따라갔다. 그런데 돌아가는 길에 갑자기 모래 바람이 나를 덮쳤다. 그때 할아버지 아다의 가르침이 떠올랐다.

"길을 잃었을 땐 앉아서 기다려야 한다."

모래 폭풍에 파묻힌 나는 작은 관목에 등을 기댄 채 새끼 양들과 몸을 바짝 붙이고 있었다. 메마르고 뜨거운 바람이었다. 목이 몹시 말랐지만 물이 없었다. 하루 종일 굶어서 배가 고팠다. 폭풍이 멈추고 밤이 내렸다. 모래가 별들에 들러붙어 있었다. 그래서 야영지로 돌아가는 방향을 찾을 수가 없었다. 그때 나는 허기와 갈증에 지쳐 반쯤 잠이 들었다. 빗방울이 나를 깨웠다. 갈증을 달래려고 입을 벌렸는데 비가 그쳤다.

이윽고 나를 부르는 소리가 들렸다. 대답하고 싶었지만 메마를 대로 메말라 버린 내 목구멍에서는 아무 소리도 새어 나오지 않았다. 그렇더라도 내가 여기 있다는 신호를 보낼 방법을 찾아야 했다. 나는 양 한 마리의 꼬리를 물기로 마음먹었다. 양이 매애 매애 울기 시작했다. 그 울음소리 덕분에 아버지와 삼촌이 내가 있는 쪽으로 방향을 잡을 수 있었다. 하지만 나는 그것으로 성에 차지 않아, 아버지와 삼촌이 방향을 확실히 찾을 수 있도록 다시 한 번 양의 꼬리를 물었다. 이번에는 낙타들이 아버지와 삼촌을 내게로 안내했다. 아버지는 나를 보자마자 마실 것을 주고, 두려움을 잊도록 품에 꼭 안아 주었다.

야영지로 돌아온 나는 어머니 품에 안겨 눈물을 떨어뜨렸다. 내 머리를 쓰다듬어 주면서 어머니가 나직이 말했다.

"그래도 사막을 경계하라고 네게 일러 주길 잘했지."

프랑스에서, 나는 이 가르침을 가슴에 새겨 두고 있다. 주의를 기울이면 내게 나타나는 것을 놓치지 않을 수 있다. 이따금 나는 기차표를 사서 미지의 목적지로 향한다. 아무것도 정해 둔 바가 없으니 아마도 목적지에 이르기 전에 멈춰 설 것이다. 목적지가 아닌 곳에서도 언제나 사람들과 마주치게 된다. 나는 여행자를 이끄는 천사인 우연의 안내에 나 자신을 내맡긴다.

내가 사막을 떠난 것은 또 다른 삶을 찾기 위해서다. 사막에서는 우리만의 지식, 대지와 우리 조상들의 가르침만을 가까이하게 된다. 나는 골수 유목민이어서 새로운 이야기, 낯선 얼굴, 낯선 땅을 찾아 떠나는 여행을 좋아한다. 사막은 앎에 한계를 긋지만, 다른 곳을 향해 갈증을 느끼는 정신에는 깨우침을 준다.

처음으로 도서관에 갔을 때 도서관이 모래로 뒤덮여 있었다. 부렘 도서관을 발견한 것은 내 평생의 가장 큰 놀라움 중 하나였다. 몇 년 전부터 책으로 가득한 집을 꿈꿔 온 터였다. 부렘 도서관에서는 선반 아래 벽들이 허물어지고 있었고, 창들은 잘 닫히지 않았다. 그래서 책 더미들이 모래에 파묻혀 있었던 것이다. 나는 도서관 사서의 동의를 얻어 모래들을 치우기로 결심했다. 보물을 찾는 기분이었고, 정말로 모래 속에서 튀어나온 낡은 책들은 저마다 보물이었다. 그렇게 해서 나는 프랑스 문학의 경이로움을 발견했다.

각각의 저자는 계시였고, 프랑스로 오라는 부름이었다. 2년 뒤에야 모든 책들이 모래에서 벗어났다. 나를 둘러싼 새 가족처럼 그 모든 책들을 알게 되었다. 프랑스에 대한 확신이 필요했다. 책들을 통해 꿈꿔 온 그 나라를 만나야 했다.

'땡땡(프랑스 만화 '땡땡의 모험'의 주인공으로 호기심 많고 모험심 강하며 재치 넘치는 소년 기자로 그려짐)'을 알게 되었다. 아마두 함파테 바의 소설 〈완그린의 기묘한 운명〉도 우연히 접했다. 새로운 문화를 받아들이기 위해 프랑스로 떠난 유목민인 저자의 놀라운 삶을 다룬 책이었다. 새 문화와 대면하면서 그는 자신의 자리를 찾아냈다. 나는 머나먼 곳의 사람들도 프랑스에서 살 수 있다는 것을 깨달았다.

그런데 프랑스에서 나는 진정한 문화 충격을 경험했다. 세상이 내게 품을 열어 주었다. 도서관에서는 상상도 할 수 없는 삶들이 베일을 벗었다. 앎이란 얼마나 무궁무진한 것인가! 얼마나 자유롭게 열린 것인가! 사막에서 우리에게 가능성의 세계는 단지 하늘과 바위, 모래 사이로 열려 있을 뿐이다. 반면 당신들에게는 바다가 있고 산들이 있고 책들이 있고 미디어가 있다. 꿈을 일깨우는 방법이 얼마나 많은가!

공화국은 프랑스에 세 가지 멋진 개념을 선물했다. 자유, 평등, 박애. 앎을 가능하게 만드는 말들이다. 평등의 이름으로 우리 모두는 문화를 누릴 권리가 있다. 자유의 이름으로 우리는 문화를 선택할 수 있고, 박애의 이름으로 함께 나눌 수 있다. 누구든 도서관에 갈 수 있고 책과 언론, 영화를 접할 수 있다. 사막에서는 단조로움 속에서 풍요를, 또 다른 차원의 꿈을 찾아낸다. 하지만 이곳의 무한한 다채로움은 당신들을 머나먼 곳으로 데려가 준다.

할아버지는 내게 종종 말씀하셨다. 너무 많은 돈은 기쁨을 앗아간다고. 쌀이 떨어져 불안해하는 어머니를 볼 때면, 나는 할아버지의 말씀을 믿을 수가 없었다. 그렇지만 가뭄에 빈털터리가 되어도 우리는 자족할 줄 안다. 장작불 가에 둘러앉는 밤이면, 술이 없고 약이 없어도 우리의 목소리와 북만으로도 믿을 수 없을 만큼 즐거웠다. 그 어떤 시련도 장작불 가에서 함께하는 우리의 행복을 끝내 뒤흔들어 놓지 못했다.

현대는 돈을 얼마나 가졌는가가 성공적인 삶의 척도가 되고 있다. 돈은 인간이 만든 것이다. 그런데 그것이 인간의 삶을 더욱 복잡하게 만들고 말았다. 사람들은 언제나 더 많은 돈을 벌기 위해 두리번거리지만 돈은 인간의 삶을 유지하는 하나의 방법에 지나지 않는다. 그런데도 그 수단에 지나지 않는 돈으로 인해 인간의 삶은 조금 덜 행복해졌고 인간의 정신은 조금 덜 깊어졌다. 수단을 목적으로 잘못 인식한 결과다.

프랑스에서 크리스마스 저녁 파티에 초대받은 나는 친구인 프레데릭을 보고 혼란스러웠다. 그는 자기 아이들에게 많은 선물을 사 줄 돈이 없어 고심했다. 그는 자기 아이들이 학교에서 선물을 자랑하지 못해 놀림당할 것을 걱정했다. 게다가 아내와 헤어진 그는 아이들이 엄마의 선물과 비교할까 봐 전전긍긍했다. 그런데 아이들은 선물을 뜯더니, 다름 아닌 포장지를 가지고 놀았다!

나는 마음속으로 믿고 있다. 흔치 않은 시간이 항상 소박한 기쁨을 가져다준다는 것을 사람들이 알고 있다고 말이다. 타인, 그리고 대지와 어우러져 충만한 행복감을 느끼는 데는 음악, 노래, 장작불, 춤, 별, 이런 요소들이 필요한 게 아닐까? 가난한 고장에 사는 사람들이 더 즐거워 보인다면, 그것은 아마도 그들이 순박한 행복을 느낄 줄 알기 때문일 것이다.

내 동생 이브라힘은 내게 가장 큰 풍요로움이다.

어머니가 돌아가신 뒤 가족이라고는 이브라힘과 나 둘 밖에 없었다. 우리 형제는 빼앗긴 가족애를 둘이서 나누었다. 우리는 이드리사 삼촌과 랄라, 나나 고모에게 맡겨졌다. 우리는 뿌리 뽑힌 느낌이었다. 그래서 우애 속에 우리의 마음을 심어 놓았다. 우리는 늘 우리를 둘러싼 새로운 삶을 둘이서 이해하고자 노력했다. 우리를 미개인쯤으로 여기는 학교에서의 생활도 함께 겪었다. 우리는 따돌림 당하는 외돌토리였다. 하지만 우리는 금세 반에서 일등 자리를 차지했다. 우리를 학업에 전념케 하는 에너지를 아무도 이해하지 못했다. 우린 단지 존중받고 싶었을 뿐이었다. 어머니의 죽음으로 우리가 학교에 가게 되었으니, 어머니는 우리에게 멋진 선물을 남겨 주고 떠난 셈이었다. 어쩌면 풍요롭지 않은 고통이란 없는 것이 아닐까?

우리 형제는 반드시 서로에게 미리 얘기하고 함께 결정을 내린다. 서로의 우정 어린 말 없이는 뭔가 빠진 느낌이다. 이브라힘은 행복을 안다. 따라서 이브라힘은 명상이고, 생각이다. 나는 행동이다. 우리 둘이서 하나를 만드는 것이다. 이브라힘을 알려면 나를 겪어야 하고, 나를 알려면 이브라힘을 겪어야 한다.

하지만 프랑스로 떠나올 때는 이브라힘에게 미리 알릴 수가 없었다. 이브라힘은 바마코에 도착해서야 내 물건이 그곳에 더 이상 없다는 것을 알았다. 내 짧은 편지로, 이브라힘은 내가 꿈을 이루기 위해 떠났음을 알았다. 이브라힘은 너무 슬픈 나머지 나흘 밤 동안 잠을 이루지 못했다. 이브라힘은 내가 떠날 준비를 하고 있다는 것을 알고 있었다. 하지만 눈에 보이는 것만 믿는 이브라힘은 그 상황을 실감하지 못하고 있었다. 서로 멀리 떨어져 살고 있지만 우리는 여전히 알고 있다. 이별한 게 아니라는 것을 말이다. 우리를 이어 주는 그 신비로운 끈은 약해지기는커녕 삶과 더불어 단단해졌다. 우리가 함께 성숙해 가고 있기 때문이다.

현재 내게 가장 많은 힘이 되고 있는 사람 역시 동생 이브라힘이다. 내가 밤에 삶에 대한 이런 저런 꿈을 꾸는 사람이라면, 그는 내가 지난 밤 꾼 그러한 꿈들을 다음 날 낮 시간 동안 실현시켜 주는 사람이다. 내가 구상한 '모래학교'도 그가 없었다면 설립할 수 없었고, 운영되지 못했을 것이다. 나는 여러 사람들과 만나 자금을 조달할 방법을 구하고, 그는 학교 운영에 실질적인 일들을 모두 도맡아 한다. 힘든 일이 있으면 나는 동생에게 전화를 건다. 그럴 때마다 동생이지만 그는 나에게 많은 용기를 북돋아 주고 적절한 조언을 해 준다.

형인 까닭에 나는 책임감을 느낀다. 이브라힘은 내 책임감을 종종 놀려 댄다…. 학교에서 반 친구들 돈을 걷는 일을 맡아서, 그 작은 돈주머니를 천막 안에 조심스레 숨겨 둔 적이 있었다. 어느 날 밤, 이브라힘이 동전 몇 개를 슬쩍해 가고는 그 다음 날 이렇게 말했다.

"형, 지난밤에 꿈을 꿨는데, 도둑이 돈의 반을 훔쳐 가는 거야."

나는 겁에 질려서 돈주머니가 있는 데로 달려갔다. 정말로 동전 몇 개가 부족했다. 놀라고 낙담한 나는 이브라힘의 손을 잡고는 이브라힘의 꿈이 현실이 되었다며 야영지 사람들을 불러 모았다. 하지만 이것이 이브라힘의 거짓말이라는 것을 알아차린 사람들 모두가 웃음을 터뜨렸다. 나는 이브라힘을 철석같이 믿고 있던 터라 그런 생각은 꿈에도 하지 못했다. 나는 너무 순진해서 사람들이 말하는 것마다 믿고, 눈에 보이는 것은 모두 믿었다.

투아레그족은 언제나 동물들과 친구가 되라고 말한다. 이와 관련한 재미있는 이야기 하나가 있다. 개인적으로 나는 이 이야기를 무척 좋아한다.

옛날에 어떤 남자가 있었다. 그는 아내와 자식들을 모두 병으로 잃었다. 어느 날 길을 걷던 중 이상한 물건이 그의 지팡이 끝에 걸렸다. 고개를 숙여 보니 그것은 작은 금덩어리였다. 그는 금을 주워들고 기쁜 마음으로 가던 길을 계속해 걸었다. 도중에 그는 한 남자를 만나게 되었는데 그에게는 원숭이 한 마리가 있었다. 그는 그 남자에게 금덩어리를 주고 원숭이를 샀다. 그러고는 자식처럼 원숭이를 키웠다. 매일매일 원숭이를 팔에 안고 과일을 따러 다니며 행복한 시간을 보냈다. 그렇게 시간이 흘렀다. 남자가 죽자 원숭이는 사막의 상인들을 따라 여행을 계속했다. 어느 날 상인들은 발을 쉬고 낙타들에게 물을 먹일 수 있는 작은 샘이 있는 오아시스를 발견했다. 오아시스에는 대추야자 나무가 한 그루 있었다. 그 나무를 보자 원숭이는 재빨리 나무 위로 올라갔다. 상인들이 원숭이를 잡으려 했지만 소용없는 일이었다. 나무가 너무 높아 올라갈 수도 없었다. 상인들이 원숭이를 나무에서 내려오도록 하기 위해 하는 수 없이 조약돌을 던지자 화가 난 원숭이는 상인들에게 대추야자 열매를 던졌다. 원숭이 덕에 배불리 대추야자 열매를 먹은 상인들은 다시 길을 떠났고, 원숭이는 나무 위에서 오랫동안 지나가는 상인들의 배를 채워 주며 살았다.

 우리에겐 아주 부자인 대머리 삼촌이 있다. 어느 날, 야영지 앞에서 나는 삼촌만큼 부자가 되기 위해 대머리가 되고 싶다고 말했다. 가장 어이없는 일은 그것이 진실일 거라고 내가 확신했다는 사실이다. 이브라힘은 지금도 그 얘기를 꺼내며 짓궂게 나를 놀린다!

함께 즐거워하기 힘든 시간들까지도 포함해서, 우리 형제는 모든 걸 공유했다. 하루는 우물물을 찾아 나섰다가 호리병에 물을 담는 데 쓰는 그릇을 우물가에 두고 왔다. 야영지에 이르러서야 우리는 그릇을 놓고 왔다는 걸 알아차렸다. 바보 같은 실수의 충격을 줄일 방법을 찾아야 했다. 우리는 그릇을 두고 왔다는 걸 노래로 부르며 야영지에 도착했다. 춤도 추었다. 우리의 부주의에 대한 꾸짖음 대신 놀라움과 웃음소리가 야영지에 퍼졌다. 그날부터 나는 조금 좋지 않은 사건이 벌어질 때면 웃음 짓는 법을 배웠다. 내일 굶더라도 개의치 않는다. 내가 가진 가장 큰 풍요로움은 사랑받고 있다고 느끼는 것이다.

웃음은 존재의 건강함을 나타내는 좋은 표현 형식이다. 투아레그족에게 있어 '나눔'은 매우 큰 의미를 가지며, 삶의 대부분을 차지한다. 웃음 역시 그렇다. 웃음을 통해 우리는 서로가 느끼는 좋은 감정들을 함께 나눌 수 있다.

사막 학교의 가르침

어느 여름날 모나코의 항구를 산책한 적이 있다. 화려하게 늘어선 온갖 것들에 마음이 어지러웠다. 돈을 좇는 경주, 그 외면의 세계에서 사람들 모두가 찾으려는 게 무엇일까 궁금했다. '세상은 충분치 않아'라는 이름의 화려한 배 앞에서 문득 발길을 멈추었다. 그리고 그 이름의 의미를 알아내느라 한참을 머물러 있었다. 모든 것을 소유하고자 하는 의지의 반영일까, 아니면 내가 갖고 있지 못한 그 모든 것에 대한 갈망의 고백일까? 세상이 충분치 않은 그 배의 소유주는 무엇을 찾으려 했던 것일까? 나 같은 유목민에게 삶은 세상을 탐험하기에 충분하지 않다. 나는 특히 꿈이 없는 사람에게는 세상이 결코 충분하지 않다고 생각한다.

내 꿈은 거대하다. 그 꿈은 '어린 왕자'의 신비로운 별에서 태어났기 때문이다. 다른 곳에 대한 내 믿음과 상상을 풍부하게 만들어 준 것은 바로 〈어린 왕자〉이다. 첫 페이지는 내 희망을 넘어서서 나를 감동시켰다.

레옹 베르트에게

이 책을 어른에게 바치는 걸 아이들이 용서해 주기 바란다. 한 가지 변명을 하자면, 이 세상에서 가장 훌륭한 내 친구가 어른이기 때문이다. 또 다른 변명을 하자면, 그 친구는 모든 걸 이해할 수 있기 때문이다. 어린아이들을 위한 책까지도. 세 번째 변명을 하자면, 그는 프랑스에서 배고프고 추운 삶을 살고 있다는 것이다. 그에게는 위로가 필요하다. 이런 모든 변명으로도 충분치 않다면, 나는 이 책을 그의 어린 시절에 바치고 싶다. 어른들도 모두 처음에는 아이였다(그것을 기억하는 사람은 거의 없지만).

그래서 나는 '바치는 말'을 이렇게 바로잡는다.

'어린 시절의 레옹 베르트에게.'

이 첫 줄에서부터 생텍쥐페리는 친구가 되었다. 그가 말을 걸어준 것은 아직 어린 나였다. 그때 나는 깨달았다. 그 몇 년 동안 나도 모르는 사이에 그를 알아보았음을.

거의 미개한 유목민이었던 나에게, 프랑스 사람들이 배고픔과 추위에 떤다는 것은 상상할 수 없는 일처럼 여겨졌다. 어린아이로 남을 줄 알았고 역시 나처럼 가난을 겪은 그 레옹이 더욱더 가깝게 느껴졌다.

이미 놀랄 대로 놀라고 매혹된 나는 숨도 제대로 못 쉬고 그 책을 단숨에 읽어 버렸다. 내가 그 이야기 속에 들어가 있는 듯했다. 하지만 내 이야기는 아니었다. 마침내 마지막 페이지에 이르렀고, 그 페이지에서 내 감동은 마무리되었다.

내게 이것은 이 세상에서 가장 아름답고도 슬픈 풍경이다. 이것은 앞의 풍경과 똑같은 것이다. 당신이 더 분명히 볼 수 있도록 한 번 더 그린 것이다. 어린 왕자가 이 땅에 나타난 곳도, 사라진 곳도 바로 이곳이다.

이 그림을 찬찬히 보기를. 언젠가 당신이 아프리카 사막을 여행할 때 이곳을 알아볼 수 있게 말이다. 그리고 만약 이곳을 지나가게 되거든, 부디 너무 빨리 지나치지 않기를 바란다. 별 바로 아래에서 조금만 기다려 주기를! 그때 만약 한 아이가 다가와 웃어 준다면, 그 아이가 금발이라면, 그리고 묻는 말에 대답하지 않는다면, 당신은 그 아이가 누구인지 알 수 있을 것이다. 그러면 다정하게 대해 주기를! 내가 이토록 슬퍼하게 내버려두지 말고, 그 아이가 돌아왔다고 즉시 내게 편지를 써 주기를….

이 슬프고도 아름다운 풍경은 나의 것이다. 내가 태어나는 것을 보았고, 내 마지막 숨결을 불어넣을 풍경. 메말랐기에 슬프고, 메말랐기에 아름답다. 어린 왕자가 사라진 이 페이지에 남아 있는 것은 별과 모래뿐이다. 내가 항상 더불어 살아가는 땅과 하늘. 어린 왕자는 잠시 머물다 갔을 뿐인데 사막에 흔적을 남겨 놓았다. 이것이 투아레그족의 철학이다.

우리는 대지와 삶을 스쳐 지나는 여행자일 뿐이다. 우리는 죽음을 두려워하지 않는다. 죽음은 삶의 일부분이다. 아주 어릴 때부터 우리는 존재의 절대성을 부정하는 법을 배웠다. 존재라는 것이 얼마나 나약한지 알기 때문이다. 우리의 삶은 신의 손안에 들어 있다. 우리에게 삶을 남겨 둘 것인지 거두어 갈 것인지 결정하는 것은 신이다. 우리는 우리 자신을 신에게 완전히 내맡긴다. 어린 왕자가 사라진 것은 슬픈 일이 아니다. 어린 왕자는 자신의 별로 돌아간 것이고, 이제 영원히 빛을 발할 것이다.

어린 왕자는 이 행성에서 저 행성으로 여행을 했다. 나는 이 나라 저 나라로 여행을 하고 싶었다. 그때 사막의 별들이 내게 새로운 빛을 찾고 싶은 갈망을 주었다.

나는 언제나 별을 보며 살아왔다. 하지만 그 걸작을 읽고 난 그날 밤, 나는 어린 왕자의 별을 선택했고 프랑스로 떠나기로 결심했다. 어린 왕자에게 형제가 있다고, 금빛 두건을 쓴 어느 투아레그족이 어린 왕자를, 어린 왕자의 별을 지키고 있다고 생텍쥐페리에게 말해야만 했다. 그 두 페이지의 메시지가 없었다면, 그 책의 힘이 아니었다면, 나는 지금 이곳에 없었을 것이다. 어린 왕자는 내 영혼에 메아리를 불러일으켰다. 나는 그의 별을 시야에서 놓친 적이 한 번도 없다.

사실 마음의 눈으로 볼 줄 모른다면 이 세상은 충분치 않다.

나는 파트릭 푸아브르 다르보르(프랑스 민영 방송사 TF1의 유명 앵커. 일명 페페데아로 불린다.)를 만나야 했다. 비록 나는 사막에서 온 한낱 투아레그족의 한 사람이었지만, 그 위인을 만나고 싶었다. 달리기 위해서, 파리 마라톤에 참가하기 위해서. 프랑스인 친구 파브리스한테서 페페데아가 뉴욕 마라톤에 참가했었다는 얘기를 들었다. 어쩌면 그에게 후원을 부탁할 수 있을지도 몰랐다. 마침내 그의 이메일 주소를 알아내 메일을 보냈다. 그는 답장에서 텔레비전 뉴스에 나와 달라는 제안까지 해 왔다. 나는 그곳으로 갔고, 몹시 흥분한 채로 그를 만났다. 내가 흥분한 것은, 프랑스가 오래도록 기억할 인물이 나오는 텔레비전 뉴스에 내가 출연하게 되었기 때문이다. 내가 흥분한 것은, 머나먼 땅인 사막에서의 내 이십 평생이 떠올랐고, 내가 프랑스 제1채널의 방송국에 있었기 때문이다. 내가 흥분한 것은, 결코 접근할 수 없으리라 여겼던 세계를 만났기 때문이다. 그 빛들, 그 카메라들, 끊임없이 분주히 뛰어다니는 그 사람들을 전혀 이해하지 못했지만, 감탄 어린 눈으로 또 다른 삶을 발견했다. 미디어, 그것은 세계로 통하는 출구다. 내 어릴 적 꿈을 그렇게나 매혹한 세계.

파리 마라톤을 뛰는 것은 내게 의미 가득한 중요한 경험이었다. 나는 투아레그족이 세상에 알려지기를 바랐다. 마라톤이 역사적 메시지와 흐름의 출발점이라는 걸 알기 때문에 그러한 상징이 좋았다. 마라톤에 직접 참가한다는 것은 어떤 메시지를 전하는 수단이었다. 나는 투아레그족의 상징으로 푸른색 두건을 쓰고 경주에 참가했다. 푸른색은 물과 하늘에서 왔다. 생명의 근원인 물과 아버지 하늘에게서 온 색이 바로 푸른색이다. 푸른색은 열기로부터 피부를 보호해 주는 매우 기능적인 면도 가지고 있다.

나는 선두에서 달리겠다는 목표를 가진 3,000명 가운데에 있었다. 사람들이 "힘내요, 푸른 젊은이!" 하고 외치며 내게 힘을 북돋워 주었다. 나는 선두 백 명 안에 들어 결승점에 도착했다. 내 부족을 위해 달렸다는 것에 자랑스러워하며.

　프랑스인 친구들은 내게 자주 묻는다. 내가 보잘것없는 존재로만 여겨지는 이 사회 속에서 나의 자리를 만드는 힘을 어떻게 길어 내는지, 어떻게 언제나 내 꿈과 만나게 되는지. 나는 대답한다. 내 힘과 믿음은 나를 만들어 준 다섯 학교에서 나오는 것이라고.

　1. 내 어머니의 학교 ― 모성애. 공동체, 애정, 천막 생활의 체험. 어머니는 모래로 글씨 쓰는 법, 이슬람교, 우리 부족이 세워 놓은 가치들 역시 가르쳐 주었다.

　2. 내 아버지의 학교 ― 행동. 일곱 살에 나는 바깥세상과 대면할 준비를 했다. 아버지는 동물들의 자취를 알아보고 쫓아가는 법이며, 사막으로 탐색을 나서는 법을 가르쳐 주었다. 나는 어떻게 한 사람과 말하고 대면해야 하는지 알게 되었다. 날마다 나는 도전에 응했다. 아버지 말씀을 따르지 않으면 벌을 받았다. 아버지는 절대로 매를 들지 않는 대신, 내게 아무 말도 하지 않았다. 내가 듣지 않는다면 아무 소용이 없다고 판단한 것이다.

　3. 내 할아버지의 학교 ― 이성, 현자들의 학교. 할아버지는 삶의 위대한 교훈을 가르쳐 주셨다. 지금도 매 순간마다 나를 이끄는 정

신적인 양식을 주신 것이다. 어느 날, "네 인생을 살아라. 너만이 네 인생을 과감히 살 수 있을 게다."라는 멋진 말씀을 해 주신 분도 할아버지다. 할아버지는 원하는 곳에 가서도 내 뿌리가 사막에 있음을 결코 잊지 않을 수 있을 거라고 되풀이해 말씀해 주셨다. 그 위대한 인생길들이 내게 남아서 여전히 그분에 대해 이야기한다.

4. 학교 - 책을 통한 지식 체험은 영혼을 구성하는 요소다. 실제로 사람은 끊임없이 자기 자신을 자제해야 하고, 늘 새로운 것을 배워야 한다. 선생님들은 예전과는 다른 나를 발견하게 해 주었다. 야영지에서는 오롯이 나로 존재했다. 하지만 학교에선 타인들 중 하나일 뿐이었다. 내 가족이 아니라 나 자신을 통해 나의 길을 열어야 했다. 구체적인 현실의 세계에서 살아온 나였는데, 추상의 세계를 발견하게 되었다. 나의 다른 점을 인정받기 위해 나 자신과 싸워야 했다. 투아레그족인 나는 소수자였고, 다른 아이들보다 나이가 두 배는 많았다. 나는 인정받기 위해 일등이 되어야 했다.

5. 인생의 학교 - 미지의 것. 모든 사람들이 그곳과 맞닥뜨린다. 이 학교에서 다루는 단 한 가지는 바로 자기 자신이다. 그 사실을 깨달았을 때 가장 힘들었던 것은, 더 이상 가족과 공동체가 아니라 바로 나 자신이 중요하다는 점이었다.

그렇게 해서 나는 배웠다. 사람은 자신의 힘을 유일한 버팀목 삼아 언제나 홀로 살아간다는 것을.

　나의 사막 생활, 학창 시절, 최근 육 년 동안의 프랑스 생활을 돌이켜 보면, 존재의 무궁무진함을 깨닫게 된다. 여러 가지 삶을 산 느낌이다. 가능성의 힘을 실감한다. 이러한 여행은 멋진 메시지를 전해 준다. 터무니없는 꿈보다도 현실이 얼마나 더 놀라운 것인지 보여 주기 때문이다. 숱한 헤어짐과 결별, 놀라움을 겪은 까닭에, 나는 힘든 시간이 닥치면 아직 모든 것이 가능하다고 나 자신에게 말한다….

　그러면 바람과 물결을 헤치고 내가 추구하고자 하는 원대한 계획을 향해 나아갈 수 있는 힘이 솟는다. 내가 나이저 강 근처의 타보예에 투아레그족 아이들을 위한 학교를 세우고자 했을 때 아버지가 말하길, 투아레그족 부모들은 야영 생활에 아이들이 필요하기 때문에 결코 아이들을 떨어뜨려 놓으려 하지 않을 거라고 했다. 사실 물을 긷고, 나무를 하고, 가축 떼를 지키는 것은 아이들이다. 그렇지만 내 동생 이브라힘의 소중한 도움으로 내 생각을 관철시킬 수 있었다. 이브라힘은 그 고장 아이들을 가르치기 위해 정보처리사라는 직업을 포기한 터였다.

　이브라힘은 자기 오토바이를 타고 각 야영지를 돌며 가족들에게 한 아이라도 학교에 보내라고 권유한다. 학기 내내 아이들은 학교 근처의 이브라힘 집에서 지낸다. 우리는 사막의 학교가 존속할 수 있도록 고군분투한다. 투아레그족을 지키려면 미래의 어른이 될 아이들을 교육시켜야 하기 때문이다. 투아레그족이 말리 인구의 십 퍼센트에 불과하다 해도 국가적 규모로 존재하는 것이 중요하다. 첫해에 우리 학생 수는 18명이었고, 두 번째 해에는 30명, 세 번째 해에

는 42명, 네 번째 해에는 57명이었다! 갈 길은 아직 멀고 곳곳에 함정도 있지만, 그것만으로도 큰 성공인 셈이다.

많은 이들이 내 동생이 선택한 인생을 놓고 의아해한다. 하지만 그 이유는 간단하다. 바마코에서 동생은 정보처리사였으나 그 삶은 그에게 맞지 않았다. 바마코 사회에서 그는 쉬이 대치될 수 있는 졸개에 불과했던 것이다. 하지만 우리 투아레그족에게는 누구도 대신할 수 없는 존재였다. 그는 자신의 공동체 안에서 하나의 실체다. 그에겐 자기 자리가 있고, 그 자신 그대로 인정받는다. 그에게는 민족의 정기를 양식으로 삼는 삶이 필요했다.

자신의 뿌리와 문화를 먼저 알고 그것을 지킬 수 있도록 가르치는 것이 우리 교육의 중심이다. 자기 자신을 알았을 때 우리는 진정으로 외부를 향해 열린 시각을 가질 수 있으며 타 문화로부터 많은 것을 배울 수 있다.

현재 투아레그족은 경제적·정치적 문제로 인해 멸족의 위기에 처해 있다. 우리 것을 지키기 위해 외부를 향해 문을 걸어 잠그기보다는 다른 세상이 있다는 것을 알고, 그것을 배우고, 자신이 깨달은 것을 앞에 두고 선택하는 편이 훨씬 낫다고 생각한다.

사막에는 10년에 한 번씩 지나가는 건기가 있다. 건기가 오면 유목민들이 치던 대부분의 가축들이 죽는다. 우리는 쌀과 밀 등 생활에 필요한 것을 사기 위해 가축이 필요하다. 그러므로 그들이 죽으면 우리 또한 죽는다. 이러한 문제를 해결해 주는 첫 번째 방책은 아이들을 교육시키는 것이다. 따라서 우리에게는 여전히 좀 더 많은 교육자들이 필요하다.

우리는 해마다 학교가 조금씩 더 확장되고, 다른 사막 학교들도 세워져 미래 세대의 앞날을 굳건히 해 주었으면 하는 희망을 갖고 있다. 모든 것이 가능하다….

하루는 친구 모니크가 말했다. 어떻게 나침반도, 위성항법장치도 없이 우리가 길을 잃지도 않고 사막을 돌아다닐 수 있는지 도저히 이해가 되지 않는다고. 동서남북이 마음속에 새겨져 있는 까닭에, 우리는 별빛 없는 밤에도 우리가 어디쯤에 있는지 알 수 있다. 당신들에겐 수수께끼겠지만 우리에겐 생존의 현실이다. 날씨가 어떻든 간에 살고, 전진하고, 목초지를 찾아야 하기 때문이다.

열네 살 무렵 나는 사막에서 아버지와 삼촌들의 길잡이 노릇을 톡톡히 했다. 길을 잃었는데, 내가 마침내 야영지까지 아버지와 삼촌들을 안내한 것이다. 별도 뜨지 않은 어두운 밤에 마을 장터에서 돌아오는 길이었다. 나는 낙타에 올라앉아 있고 아버지와 삼촌들은 걷고 있었는데, 내가 기수가 되기에 이르렀다. 아버지와 삼촌들은 나를 믿어 주었다. 그때 내가 어떻게 했는지는 지금도 모르겠다. 단지 야영지의 방향만큼은 명확해 보였다. 직감이었다.

프랑스에서 나침반을 처음 보고 나는 어리둥절했다. 우리와는 다른 방법으로 방향을 알 수 있는 줄은 몰랐다. 나는 회오리바람 덕분에 동서남북을 분간하는 법을 배웠는데 말이다!

어느 날 밤 끔찍한 회오리바람이 천막을 뒤흔들었다. 천막이 날아가면 큰일이었다. 어머니는 우리의 하나뿐인 은신처를 지키기 위해 지휘권을 잡았다. 회오리바람이 우리 쪽으로 다가오는 것을 보자마자 어머니가 외쳤다.

"무사, 일어나서 남쪽으로 가거라. 난 북쪽을 맡을 테니."

어머니는 아버지에게 말했다.

"당신은 동쪽을 살펴요."

그러고는 남동생과 두 여동생에게 말했다.

"너희들은 서쪽을 맡아라."

어머니의 지시대로 따르고 싶었지만 남쪽이 어디고, 동쪽, 서쪽이 어디인지 분간할 수 없었다. 나는 어머니가 가리켜 준 쪽으로 갔는데, 나중에 거기가 바로 남쪽이었다는 사실을 알고 놀라지 않을 수 없었다.

회오리바람은 밤새도록 계속되었다. 어머니는 내게 끊임없이 말했다.

"남쪽에 있어라."

동생들이 움직이는 걸 보고는 이렇게 소리쳤다.

"안 돼! 서쪽을 뜨지 마라!"

이제 남쪽은 내게 깊이 새겨져 있다. 나는 언제나 그곳을 향해 있다. 태양을 향해.

프랑스에서 '북쪽을 잃어버리다('방향을 잃다, 어찌할 바를 모르다'

의 의미로 쓰인다.)'라는 표현을 배웠다. 참으로 기발한 표현이다. 하늘의 보이지 않는 지표를 잃는 것이 얼마나 위험한 최후의 조난인지 보여 주기 때문이다.

어디로 가야할지 더 이상 알 수 없다면, 자신이 어디서 왔는가를 기억해 내야 한다. 자신이 온 곳이 어디인가를 잊지 않는다면 길을 잃을 까닭이 없다. 어디로 갈지, 무엇을 먹을지, 무엇을 살지 우리는 매 순간 결정을 하며 살아간다. 그러한 선택들이 자신의 삶을 이룬다. 이런 결정들을 통해 앞으로 조금씩 나아간다. 삶의 큰 무늬를 그리며 앞으로 나아가는 것, 이는 결국 자기 자신에게로 다가가는 것이다. 자신이 온 곳으로 되돌아가는 길이다.

프랑스에 도착한 나는 하루하루를 정복하듯 살아야 했다.

새로운 지표를 가지고 사는 법을 다시 배워야 했다. 대지 한가운데에서 자신만의 법칙에 따라서가 아니라, 사람들이 구축해 놓은 하나의 세계에서 그네들의 규칙에 따라 진화하는 법을 배워야 했다. 때때로 나는 그것에 이르지 못했고, 나의 문명과는 너무도 동떨어진 그들 문명의 코드를 이해하지 못했다. 외로움이 사무치는 시간이면 모든 걸 버리고, 모든 걸 내던지고 싶었다. 하나하나의 규율이 내 몸처럼 익숙한 나의 야영지로 돌아가고 싶었다.

하지만 나는 떠나오기 전에 보았던 게를 종종 떠올렸다. 그 게는 작은 모래 구멍 안에 있었다. 녀석에겐 너무 큰 구멍이었지만. 녀석은 줄기차게 기어올랐고, 지표면에 이를 즈음엔 뒤집혀 다시 떨어졌다. 몸을 도로 뒤집는 데는 엄청난 시간이 걸렸지만, 그러고 나서도 모래 둔덕에 끈기 있게 도전했다. 녀석이 마침내 둔덕 꼭대기에 이를 때까지, 나는 그 외로운 싸움에서 눈을 떼지 못했다. 중요한 것은 목표가 아니라, 목표를 향해 가는 길에서의 끈기라는 것을 깨달았다. 구멍 속에 결코 처박혀 있지 않고 매번 비탈을 다시 기어오르고 비탈을 기어이 기어오른 뒤에는 훨씬 더 가파른 비탈에 도전하는 방법을 찾도록 도와주는 그 이미지를 내 마음속에 간직하고 있다.

프랑스 사회에 편입되기 위해 분투했으니, 이제는 나만의 지표를 되찾기 위해 노력해야 한다. 야영지로 돌아가면, 결코 완전히 나를 떠난 적이 없는 투아레그족의 태도와 영혼을 내 마음 안에 되돌려 놓아야 한다. 하지만 때로 어떤 코드들은 지워지기도 한다. 그래서 내 말의 영향력과 두건 쓰는 방식에 있어선 주의를 게을리해서는 안 된다. 실제로 두건은 그 사람의 정체성을 드러낸다. 책임감의 표시인 것이다. 두건 쓰는 방식을 보면 그가 점잖은 사람인지 아닌지, 패션 감각이 있는 사람인지 아닌지 알 수 있다.

아버지의 집에선 아버지의 요구에 따라야 하고, 아버지의 적들을 내 적으로 삼아야 한다. 우리 투아레그족은 가족의 뜻을 거스를 수 없다. 가족이나 부족을 배반하는 사람은 그가 속한 야영지에서도 경멸당한다. 또한 사회의 규범을 존중해야 한다. 우리는 노예나 대장장이 출신 사람들과 어울릴 수 없다. 우리와 같은 계층에 속해 있지 않기 때문이다. 사실 투아레그족 남자와 노예 출신 여자의 결합으로 괴로움을 당하는 것은 그들의 어린아이다. 실제로 아이는 어느 쪽 부족에도 속하지 못하게 되므로 아이가 그 사랑의 대가를 치러야 하는 것이다. 오늘날 우리 역시 세계와 함께 진보해 가고 있으며, 그러한 사회 규범들을 완화시켜 나가는 추세에 있다.

사막의 야영지에 갈 때마다 나는 이브라힘에게 동행해 달라고 부탁한다. 동생이 나를 보살펴 주고, 내가 실수하는지 미리 알려 주기 때문이다. 내가 말을 너무 많이 하면 동생은 잠자코 있으라는 신호를 보낸다. 내가 조금 적절치 못한 말을 하면 동생은 화제를 돌린다.

더 높은 곳에 오르기 위해, 나의 가장 깊은 곳에 있는 '나'라는 샘이 다시 솟구치게 하는 법을 배운다.

프랑스에서는 많은 여자들이 일하며 혼자 살아간다. 그들은 독립을 주장하고 스스로 삶을 선택하기도 하지만, 외로움을 털어놓기도 한다. 남편과 아이들, 친구, 형제나 가족과 함께 살 가능성이 없는 이들이라면, 매일 밤 집으로 돌아와 그날 하루를 침묵하고만 나누게 될 것이다. 여자가 모든 것을 가졌으되 함께 사는 사람이 없다면 중요한 게 결핍된 것이다.

우리는 가족을 부양하고 친구들, 친지와 주변 사람들에게 쓸모 있는 사람이 되는 것을 인생에서 이루어야 할 가장 중요한 목적으로 여긴다. 유목을 하는 전통적인 삶에서는 현대사회처럼 다양한 직업이 존재하지 않았기에 좋은 직업을 갖는 것이 그 목적이 된 적은 없었다. 또한 많은 것들을 소유할 필요도 없었기 때문에 좋은 집을 갖고 재산을 축적하는 일이 목적이 될 수도 없었다. 하지만 시대가 변했다. 따라서 나는 모든 투아레그인들 인생의 목적이 이전과 같다고 말하지는 않겠다. 그러나 변화하는 시간 속에 현재 우리가 가질 수 있는 목표는, 그리고 또 바라 마지않는 소망은 우리가 우리 민족의 자주성을 지키고, 투아레그 정신의 핵심인 자유를 잃지 않는 것이다. 그것이 바로 내가 하는 일의 목표이며, 나와 뜻을 같이하는 이들의 희망이다.

내 동생은 사막에서 여자 아이들의 교육에 힘썼다. 그들이 자기 삶을 선택할 수 있도록. 아프리카에서는 남자와 여자가 열등함이 아니라 본질적인 차이 때문에 같은 일을 하지 못한다고 인정한다. 사막의 남자들은 천막을 지키지 않고 가족에게 필요한 것을 공급하기 위해 밖으로 나선다. 도시에서도 대개 남자가 일을 나가고 여자는 자연스럽게 집에 남는다. 그런데 이때 여자의 의견은 그다지 존중되지 않는다. 도시의 남자들은 남자가 여자보다 생각이 더 깊고 뛰어나다고 생각하는 경향이 있다. 여자는 시대에 뒤떨어진 사고를 하지만 남자는 사회생활을 더 잘 알기 때문이라고 그 이유를 대는 걸 보았다.

투아레그족 여자들은 천막 안에 머문다고 해서 자유를 잃지는 않는다. 천막 안에서의 삶을 지배하고 명령하는 것은 여자들이다.

남자는 그 문제에 관한 한 발언권이 거의 없다. 여자들은 자신이 원하는 사람을 맞아들일 수 있고, 원하는 것을 주거나 거부할 수 있다.

투아레그 가족의 모든 어머니들은 여왕이다. 그러나 왕은 존재하지 않는다. 아이들에게 종족의 문화와 전통을 전수하는 것도 바로 어머니들이다. 투아레그 여성들은 자유로우며 매우 신성한 존재로 여겨진다. 이들은 남편과 함께 일하고 삶의 모습이 같은 사람들과 어울린다. 삶의 간극이 없기 때문에 그들을 떼어 놓는 주제란 없다. 투아레그족 여자는 구타하는 남편과는 이혼한다. 투아레그 여자는 천막 안에서 살되 삶을 감내하지 않는다.

하루는 프랑스인 친구들이 양로원에 계신 할머니를 뵈러 가자고 했다. 그 시설이 궁금하던 참에 제안을 받아들였다. 양로원 홀에 들어선 나는 굳은 얼굴로 자기들끼리 얘기하는 열 명 남짓한 노인들 앞에서 붙박인 듯 멈춰 있었다. 그만한 수의 노인들이 한데 모여 있는 것을 나는 본 적이 없었다. 우리 부족 노인들은 언제나 젊고 어린 사람들에게 둘러싸여 있다. 노인들끼리만 모여 있는 일은 없다. 젊은 세대와 나이든 세대는 서로를 풍요롭게 해 준다.

어떤 노인들은 실제로 백 살 가까이 되었다. 과거를 돌이켜 보고 과거로부터 배우는 일 없이 젊음이 만들어질 수 있다고 생각하지 않는다. 과거는 미래의 자신을 투영해 보고 현재를 음미할 수 있도록 도와주기 때문이다. 그토록 엄청난 고독 앞에서 어안이 벙벙해진 나는 노인들의 자식과 손자들은 어디 있는 것일까 궁금했다. 어떤 할머니는 양로원에 강제로 들여보내졌다고 했다. 할머니의 손자가 할머니의 집을 차지하려고 했기 때문이다. 돈이 가족의 가장 소중한 것을 망친 것이다. 아마도 그 이유로 가난한 사람들이 언제나 더 끈끈히 결합하는 것인지도 모르겠다. 그들에겐 서로를 괴롭힐 재산이 없으니 말이다.

그곳 노인들은 너도나도 당신들이 살아온 이야기를 하려고 애썼다. 가족이 너무 멀리 있어서 가족들 소식을 들을 수 없으니 죽을 때는 가족과 함께 있고 싶다고 그들은 말했다. 그 모든 얘기에 나는 망연자실했다. 돌아가실 때까지 사람들에게 둘러싸여 있던 아다 할아버지가 생각났다. 할아버지 곁에는 늘 가족이 있었다. 누구든 할아버지한테서 뭔가를 배우고, 할아버지의 축복식을 받고 싶어 했다. 우리에게 노인은 성스러운 존재다. 노인들은 무슨 일이 있어도 후세에 전하고자 하는 이루 헤아릴 수 없이 많은 지식을 소유하고 있다. 아프리카의 위대한 현자 아마두 함파테 바는 이렇게 말했다.

"아프리카에서 한 노인이 숨을 거두는 것은 도서관 하나가 불타는 것과 같다."

현대 문명의 문제 중 하나는 '사람과 사람 사이의 거리가 너무 멀다'는 것이다. 많은 요인을 들 수 있겠지만, 가장 중요한 것은 핵가족화다. 인간은 결코 혼자 떨어져 살 수 없다. 함께 있기 위해 만들어진 존재이므로 우리는 나누며 사는 삶 속에서 정신적인 안정과 풍요를 얻을 수 있다. 노인들은 그들이 살며 얻은 삶의 지혜를 젊은이들에게 전한다. 또 젊은이들은 노인들에게 물질적이고 육체적인 측면에서 많은 도움을 준다. 아이들도 마찬가지다. 투아레그 아이들은 언제나 가족과 부족의 일원으로 보살핌을 받는다. 연령과 성별을 떠나 개개인 모두가 우리에게는 특별한 존재이며, 그들 각자가 역할을 지니고 있다. 그들 중 쓸모없는 사람은 아무도 없다. 모두가 '나'의 스승이 될 수 있다. 삶에는 언제나 좋은 날들만 있는 것이 아니다. 모두가 어려운 시기들을 겪는다. 그때마다 누군가 옆에 있고, 또 자신의 문제를 털어놓고 조언을 구할 수 있다면 아무리 어렵고 힘든 시기라도 이겨 낼 수 있다.

어느 날 파리에서 지하철을 기다리다가, 가까운 곳에서 한 커플이 도가 지나치다 싶게 입을 맞추고 포옹하는 장면을 목격했다. 서로를 잡아먹고 있는 것만 같았다. 서로의 몸과 영혼을 집어삼키려고 애쓰는 느낌이었다! 나는 끔찍하면서도 매혹적인 그 장면을 보고 한동안 돌처럼 굳어 있었다. 지하철역은 로맨스와는 거리가 먼 장소인 까닭에, 그 몸의 식사가 의미하는 게 무엇인지 나로서는 도무지 이해가 되지 않았다.

서로 사랑한다는 걸 남들에게 굳이 보여 줘야 할까? 여자 친구들이 말하기를, 연인임을 드러내려면 손을 잡아야 한다고 했다. 하지만 우리 투아레그족에게 중요한 단 한 가지는 서로에게 스며드는 것을 몸으로 느끼는 것이다. 사랑은 마음속으로 비밀처럼 다가온다. 처음의 사랑은 살과 살의 맞닿음이다. 연인들은 포옹하지 않고 서로를 만진다. 우리는 체취를 느끼고 단지 사랑하는 이의 살결이 들려주는 이야기에 귀 기울이기 위해, 머리끝부터 발끝까지 서로의 몸을 맞댄다. 서로 사랑하지만 아무것도 입증해 보일 게 없는 두 어린아이처럼.

남들에게 그대로 드러내기에는 우리 마음속 공간이 너무도 많다. 나는 풍요로운 위대한 사랑의 이미지와도 같은 첫사랑의 추억을 지금껏 간직하고 있다. 네 살 때, 내 사촌과 나는 원시인처럼 자유로웠다. 개의 등에 올라타고는 그 아이와 함께 사막으로 향했다. 허기가 지면, 우리는 염소와 양의 똥이나 아카시나무 잎을 먹었다. 어릴 적 꿈속에서 우리는 신랑 각시였다. 하루는 어머니가 우리에게 결혼반지를 주었다.

사촌은 몇 년 뒤에 죽었다. 강렬한 느낌은 흔적을 남기는 법. 그 아이가 숨을 거둔 달에, 나는 반지 낀 내 손가락을 막대기로 때렸다. 반지가 깨지면서 손가락에 박혔다. 그 자리에 염증이 생겨 살점이 떨어져 나가고 손톱이 빠졌다. 그 뒤로는 손톱이 나지 않았다. 그때처럼 열렬히 자유롭게, 언제나 사랑하고자 하는 마음은 변함이 없다.

자기 자신을 사랑하고 타인을 사랑하는 일이야말로 삶에 있어서 가장 소중하다. 현대인들의 삶에서 가장 안타까운 것은 모두가 시간에 쫓겨, 일에 쫓겨 살아간다는 것이다. 일에 있어서도 만족을 느끼는 사람들이 그리 많지 않다. 나는 그 원인이 사랑의 결핍에 있다고 본다. 자기 자신을 진정으로 소중히 여길 줄 아는가, 그리고 타인을 위해 자신을 희생할 수 있는 사랑을 내면에 가지고 있는가를 고려해 본다면, 그리고 그렇게 자기 안의 사랑을 키워 간다면 모든 일에 즐거움을 얻을 수 있으리라.

  사랑은 근본적으로 타인을 향한 배려로부터 시작된다. 거꾸로 말하자면 스스로 존중받을 가치가 있는 존재임을 잊지 않는 데서 시작되는 것이다. 이렇게 시작된 사랑은 삶에서 없어서는 안 될 거름과 같다. 더불어 몸과 마음의 건강은 자신은 물론 타인의 삶도 소중하게 여기는 행복한 삶의 초석이다.

슬픔 없는 기억

아주 어렸을 적에, 새로운 목초지를 찾아 가족과 함께 사막을 오랜 시간 걸어간 일이 있다. 어린 나는 금세 녹초가 되었다. 그런데 할아버지가 노쇠한 몸인데도 날쌔고 더 힘차게 지팡이를 짚고 걸어가는 걸 보고서, 나는 불평불만을 묻어 두었다. 할아버지와 같은 의연한 힘을 갖추고 싶었다. 폭풍이 몰아치던 날이 떠오른다. 그날 나는 낙타 위에 올라앉아 몸을 보호하기 위해 두건을 푹 눌러쓰고 있었다. 할아버지는 내 옆에서 나란히 걸었다. 모래 바람을 헤치고 계속 길을 갔다. 할아버지는 낙타들을 배려하느라 낙타에 올라타려고도 하지 않았다. 그날 나는 내 부모님을 본받아 다시는 불평하지 않겠다고 다짐했다. 우리는 숙명처럼 시련을 겪을 뿐만 아니라 배려 때문에 더 큰 고통을 감내하게 되리라는 것을 알기 때문이다.

프랑스에 도착했을 때, 나는 안락한 삶을 누리는 사람일수록 얼마나 더 지쳐 있는지 알게 되었다. 몸의 편안함이 열정을 가라앉히고 도약에 제동을 걸기라도 하는 양 말이다. 많은 친구들이 조금만 아파도 약을 끼고 살다시피 했다. 그들은 몸이 스스로를 지킬 기회를 더 이상 주지 않는다. 어려움이, 가공되지 않은 날것 그대로의 삶이 정신과 몸을 만든다는 것을 믿어야 한다.

우리 몸이 머리, 팔과 다리, 손가락과 발가락, 몸통 등으로 구성되어 있듯 우리는 고통을 삶의 한 구성요소로 여긴다. 살아 있기에 고통도 느끼고 기쁨도 느끼는 것이다. 투아레그인들 중에 알코올이나 약물에 의존하거나 자살을 한 사람은 없다. 행도 불행도 모두 삶의 일부로 받아들일 줄 알기 때문이다. 또한 부족 안에 고통 받는 사람이 있으면 우리는 모두 함께 그를 돌본다. 아무도 그의 고통에 대해 이렇다 저렇다 말하지 않는다. 다만 그에게 필요한 것들을 제공해 주고 하루 빨리 그가 고통 속에서 빠져나올 수 있도록 조심스럽게 옆에서 돕는다.

내 가슴에 간직한 아버지의 이야기는 삶이 얼마나 우리를 성숙하게 하는 싸움이 될 수 있는지 보여 준다. 아버지의 누나가 가오 지방 병원에 급히 후송된 적이 있다. 아버지는 고모가 당신을 꼭 보고 싶어 한다는 걸 알았다. 아버지가 멋진 낙타를 타고 도시에 도착했을 때, 한 남자가 아버지의 충실한 친구인 낙타를 사겠다고 제안했다. 아버지는 거절했다. 아버지에게 그 낙타는 세상의 모든 금을 합쳐 놓은 것보다도 더 값진 것이었기 때문이다. 녀석은 지역 달리기 시합을 모조리 휩쓸 만큼 빼어났다.

남자는 지나가는 경찰을 불렀다. 그러고는 아버지가 낙타를 훔치고 그 무렵에 막 일어난 투아레그족 반란에 가담했다고 고소했다. 신분증도 아무 힘도 없던 아버지는 몇 달간 수감되었다가, 야영지에서 멀찌감치 떨어진 키달로 이송되었다. 나라의 최북단이었다. 그 죄수 수용소에서 아버지는 니아레 사령관을 우연히 만났다. 그는 아버지를 자기 집에 데려가 집안일을 도맡도록 만들었다. 그렇게 해서 사막 한복판에서 짐승들하고만 어울려 살아온 아버지는 옷가지를 세탁하고 다리고, 군복을 개키는 일을 배웠다.

하루는 사령관이 아버지를 따로 불러 말했다.

"내 자네에게 자유를 되찾을 기회를 주겠네. 군에 입대하게. 그렇지 않으면 감옥에 남아야 해."

그래서 아버지는 군복무를 하러 떠났다. 아버지가 군복 차림으로 휴가차 야영지로 돌아왔을 때, 할머니는 당신 아들이 그 죽음의 옷을 입고 있는 한 말을 걸려고 하지 않았다. 할머니는 아버지가 정예 사수로 있는 군대로 절대 돌아가지 않겠다고 약속할 때까지 아버지를 외면했다. 당신이 생명을 준 자식이 남의 생명을 빼앗는다는 것은, 할머니로서는 생각할 수도 없는 일이었다.

아버지는 야영지에 남았고, 또 다른 싸움을 시작했다. 온전한 사막인으로서의 싸움. 전통을 보존하고, 한 가족을 살리고 존속시키는 일을.

프랑스에서 사귄 친구 자크는 집을 너무 자주 비우는 것을 자책한다. 죄책감을 씻기 위해 그는 자기 아이들을 무조건 풀어 준다. 아이들 말이라면 뭐든 거절할 줄을 모른다. 확실한 가치관을 갖고 아이들을 이끄는 것이 아니라, 아이들의 기분을 맞춰 주거나 권위를 벗어던지기만 하면 아이들의 사랑을 받게 될 거라 믿는 것이다. 그러다 보니 아이들이 더 이상 그를 존경하지 않는다.

유목민 아버지들도 자주 집을 비우기는 마찬가지다. 하지만 그들은 집에 돌아온 뒤에도 여전히 엄하다. 아이들이 자립심을 기르고 어른으로 자라날 수 있게 하는 것은 교육뿐임을 알기 때문이다. 유목민 아버지들은 그들의 의무를 다하는 것에 결코 죄책감을 느끼지 않는다.

보이스카우트, 걸스카우트는 훌륭한 단체라고 생각한다. 조직의 형성 과정을 배울 수 있기 때문이다. 지금의 나를 만들어 준 '선구자들'에게 평생 감사할 것이다. 부렘에 살 때, 국가 봉사 스카우트인 선구자 캠프에 선발된 적이 있다. 우리는 평화적으로 나라에 봉사하도록 훈련 받았다. 한 달 동안 우리는 남자가 되는 법을 배웠다. 모두가 불을 견뎌 내는 시험을 거쳤다. 불가에 둥그렇게 둘러서서 노래를 부르며 최대한 불꽃에 가까이 다가가야 하는 시험이었다. 불에 델 듯 말 듯한 거리에서, 똑바로 선 채 눈도 깜박거려서는 안 되었다. 우리는 함께 이런 노래를 불렀다.

"오, 캠프파이어 안이라네. 너무 아름답고도 뜨거운 안이라네. 네 집으로 불꽃을 가져갈 수도 있지…."

그러고는 더 가까이 다가갔다.

"불꽃이여 타닥타닥 튀어라…."

노래는 용기를 북돋워 주고, 열기는 우리를 끌어당기며 숨통을 조여 왔다.

한 달간의 훈련이 끝나자, 정치가들이 뛰어난 성과를 거둔 청소년들에게 메달을 걸어 주었다. 우리는 모두 나라의 희망이 되어야 했다. 그것은 탁월한 인재를 기르는 캠프였다. 우리는 아홉 개 조항으로 이루어진 규칙에 따라야 했다. 그 조항들을 외워야 했고, 그것은 마음속에 여전히 새겨져 있다.

─선구자는 부모를 사랑하고 조국에 헌신한다.

―선구자는 자유와 아프리카 조국의 번영을 위해 목숨을 바친 모든 이들에게 경의를 표한다.

―선구자는 아프리카인들의 형제요, 모든 세상 사람의 친구다.

―선구자는 학문과 일을 사랑하고 맡은 일을 끝까지 완수한다.

―선구자는 스포츠를 사랑하고 체육을 통해 신체를 건강하게 발달시킨다.

―선구자는 신의 있고, 예의 바르고, 규율을 잘 지킨다.

―선구자는 자연을 사랑하고 나무와 동물을 보호한다.

―선구자는 검소하고 국가 재산을 돌본다.

―선구자는 모든 사람들의 모범이다. 전체의 이익을 위해 개인의 모든 이익은 희생한다.

이 규범들은 내게 있어 교육의 근간이다. 위대함을 가르치면서 우리를 고양시키기 때문이다. 선구자들 덕분에, 나는 남들과 더불어 사는 법 역시 배웠다. 사막에서의 내 인간관계는 야영지라는 울안으로 국한되어 있었다. 문화체육부 장관이 수료증을 주면서 내게 해 준 말은 영원히 기억에 남을 것이다.

"의지를 갖고 행동하라. 그리고 네 뒤에 오는 사람들에게 길을 열어 줘라. 선구자는 불을 밝히는 사람이다."

엄격함과 영감으로 가득한 이러한 교육은 멀리까지 영향을 미치게 마련이다.

나는 투아레그족 여자들과 서구 여자들이 가진 발언의 자유에 놀라곤 한다. 아랍이나 아프리카 남자들에게 그녀들의 말은 충격적으로 들릴지도 모른다. 그녀들은 자기 생각을 과감히 말하고, 사람들은 그들의 이야기를 경청한다. 그런데 가장 주의를 끌 만한 투아레그족의 면모라면, 결혼한 여자가 남편 아닌 다른 남자와 시 같은 사랑을 나눌 수 있다는 것이다. 투아레그족에게 사랑은 자유로운 것이다. 남자는 정부를 둘 수도 있다. 하지만 여자는 그것을 받아들이지 않는다.

그렇기는 하지만 투아레그 여자들은 쉽게 몸을 주지 않는다. 투아레그족의 남자와 여자는 서로를 유혹하는 방법을 알고 있다. 첫걸음을 떼는 것은 늘 남자다. 그 뒤에는 은밀한 대화가 시간 속에 엮인다. 조금도 서두르지 않고, 시간을 갖고 욕망을 음미한다. 보물의 베일을 벗기기 위해 비밀의 잠자리를 차지하는 이러한 유희는 경이롭다. 눈앞에 금세 드러나는 것은 가치를 잃는다. 남자에게는 정복의 의미를 남겨 주어야 한다. 여자는 남자의 이야기에 귀를 기울이고, 가슴을 울리는 말을 건네고, 바라보고, 느껴야 한다. 내게 사랑은 여전히 존재의 이야기다. 첫 눈길의 순수함을 간직해야 한다.

어렸을 때 내 사촌과 함께한 멋진 추억만큼이나 아름답고 생기 넘치는 사랑을 하고 싶다. 레일라. 그 이름은 내 가슴속에서 연주를 계속한다. 그 아이와 나는 집안의 맏이였다. 우리는 사막에서의 매 순간을 함께했다. 언제나 함께 물을 찾으러 가고, 우리 염소들에게 목초지를 찾아 주기 위해 거대한 사막 깊은 곳까지 함께 들어갔다. 그러던 어느 날, 아이의 사랑은 청년의 사랑으로 변했다.

그날 밤, 우리는 침묵 속에 나란히 있었다. 나는 그녀를 돌아보았다. 그녀가 나를 쳐다보았다. 그때 우리는 느꼈다. 우리의 사랑이 구체적인 형상으로 그려질 수도 있다는 것을. 어떤 몸짓이 메아리를 불러올 수도 있다는 것을. 그런데 투아레그족은 몸에 대해 말하지 않는다. 우리는 치료를 위해 몸을 만지고 또 다른 형태의 언어를 발견하기 위해 춤을 추지만, 자신의 욕망은 결코 말하지 않는다. 결코 사랑을 공공연히 드러내지 않는다. 하지만 나는 레일라에게 키스하고 싶었다. 우리의 입술로는 더 이상 말을 할 수 없다는 것을 그녀가 깨달을 수 있도록. 심장이 고동쳤다. 나는 그녀에게 다가갔다. 바로 그 순간, 양 한 마리가 매애 매애 울기 시작했다. 레일라는 미소 지었지만, 나는 더욱 겁이 났다. 내가 얼마나 그녀를 보호하고 싶은지 보여 주기 위해 그녀를 가만히 품에 안았다. 그러고는 입을 맞추었다. 입을 맞춘 것이 그녀였는지 나였는지는 결코 알지 못했다.

그 뒤로 물을 찾으러 가는 일은 내게 더없이 행복한 시간이었다. 그때마다 그녀와 단둘이었다. 우리는 당나귀들을 모래 언덕 꼭대기에 함께 비끄러매 두었다. 녀석들이 우리를 사람들의 시선으로부터 지켜 주었다···. 우리 자리에서는 멀리서 사람들이 오는지도 볼 수 있었다. 우리는 지칠 줄 모르고 사랑하는 법을 배웠다. 온 사막이 우리 사랑의 은신처가 되어 주었다. 이 이야기는 나의 가장 아름다운 사랑의 추억으로 남아 있다. 우리는 즐겁고 자유롭게, 아무런 제약 없이 사랑했다. 모래 위의 두 송이 꽃이었다. 우리 부모들은 아무런 눈치도 채지 못했고, 우리는 늘 함께였다. 우리 둘이서만 계속 물을 찾으러 떠나는 것은 아무렇지 않은 일이었다. 밤 모임이 끝난 뒤에, 우리는 밤을 틈타 몰래 만날 전략을 짜냈다. 개들조차 우리가 천막을 슬며시 빠져나오는 것을 알아차리지 못했다. 탈주의 공범이 된 것이다.

야영지 사람들이 헤어져야 하는 숙명의 날이 왔다. 모든 가족들이 기르는 짐승들을 위한 목초지가 더 이상 충분하지 않았던 것이다. 그 소식을 들었을 때 우리는 한마디 말 없이 그저 서로를 바라보았다. 함께 보내는 마지막 밤이 되리라는 것을 우리는 알았다. 그녀는 결혼할 나이였고, 언제 그녀와 다시 만나게 될지 나로서는 알지 못했다. 그녀의 가족이 양 떼와 함께 멀어지던 그날을 영원히 잊지 못할 것이다. 그녀는 지평선 너머로 사라질 때까지 내내 뒤를 돌아보았다. 우리의 사랑을 들키지 않기 위해 우리는 눈물을 감추어야 했다. 바로 그날, 나는 그녀와 결혼하겠다고 다짐했다.

2년 뒤에 그녀를 다시 만났지만, 그녀는 이미 결혼한 몸이었다. 그녀의 눈빛 역시 회한을 담고 있었다. 삶은 우리를 떼어 놓았고, 우리는 굴복해야 했다. 그녀에겐 이제 가족이 있다. 하지만 우리 사랑의 비밀은 여전히 우리를 이어 준다. 그녀의 아이들을 볼 때면 내 아이들이 아닐까 하는 생각이 끊임없이 든다.

　오랜 시간이 지났지만, 내 마음은 여전히 사랑을 멀리한다. 진정한 사랑은 정녕 꺼지지 않는 것이라고 생각한다. 삶은 사랑하는 두 영혼을 떼어 놓지 못한다. 공간에서 이루어지지 못한 사랑은 시간 속을 여행한다.

　어느 날, 한 프랑스 소년이 웃으면서 내게 헤엄칠 줄 아느냐고 물었다. 내가 그렇다고 대답하자 아이가 말했다.

　"아저씨의 모래 바다에서 배운 거예요?"

　그렇지….

　짐승들은 빗물이 고인 못에서 물을 마시곤 했다. 나는 그렇게 많은 물을 거의 보지 못한 까닭에 두려웠다. 지독한 가뭄이 있던 어느 해에 그 연못이 사라져 버렸다. 그래서 야영지 가족들은 나이저 강 쪽으로 내려가야 했다. 나는 그토록 많은 물을 마주하고서 한동안 아연실색해 있었다. 그곳의 흑인 정착민들과 종려나무, 면양과 큰 뿔이 달린 암소들로 에워싸인 거대한 강이었다.

　그 광경에 놀란 채로 나는 우리 소 다섯 마리를 풀밭으로 손수 데려갔다. 소들 중 한 마리가 물속에 들어가 목을 축이고 있었다. 문득 헤엄치는 법이 배우고 싶어졌다. 나는 소를 걷게 하고는 그사이 소의 꼬리를 잡고서 물에 뜨려고 두 발을 휘휘 저어 댔다. 그 뒤로 며칠 동안 연습을 계속했다. 마침내 꼬리를 놓을 수 있을 때까지. 나는 헤엄을 쳤다.

바마코에서 수영장을 보았다. 강물에서만큼 몸놀림이 자유롭지는 않았지만 물에 닿는 느낌이 좋았다. 처음으로 수영장에 들어가면서, 어떻게 헤엄치는지 보여 줄 수 있게 되어 기분이 우쭐해졌다. 강가에서는 야영지 사람 모두가 나에게 감탄했다. 바마코의 수영장에서는 아이들이 눈을 휘둥그렇게 뜨고 나를 바라보았다. 감탄하는 줄 알았는데, 실은 나를 비웃고 있었다. 수영 강사가 개헤엄 같다고 말했다. 내가 발끈하며 대꾸했다.
"아니에요, 이건 암소 헤엄이라고요."
수영 강사는 내 대답을 귓등으로 들었다. 그는 근육질의 사내였고, 나는 그의 반응이 두려웠다. 나는 물에서 나와 그에게 내가 어디서 왔는지 설명했다. 그 뒤로 나는 수영장을 자주 찾았고, 내 영법으로 더 빨리 헤엄치는 법을 배웠다. 수영 대회까지 참가했고, 우승을 했다. 문화체육부 장관이 내게 메달을 걸어 주면서, 사막의 아이가 어떻게 수영을 배웠는지 물었다. "암소 덕분"이라고 말하고 싶었지만, 감격으로 목이 메어 말이 나오지 않았다.
동물들 역시 위대한 스승이다. 자연이 품은 생명은 우리에게 날마다 가르침을 준다. 서구인이 우리 삶에 적응하는 편이 더 쉬울 거라는 생각마저 든다. 우리 삶은 가장 본질적인, 거의 본능적이랄 수 있는 우리의 자연에 응답하는 것이기 때문이다.
여름방학 동안 어린 친구들과 함께 텔레비전 뉴스를 보았다. 개학이 다가온다는 뉴스에 낙담하던 아이들 모습이 잊히지 않을 것

같다. 그 뒤에 알게 된 사실인데, 개학이 가까워오면 다시 학교를 다녀야 한다는 것에 절망한 아이들의 눈물과 변덕에 모든 가족이 한바탕 난리를 겪는다고 했다. 혼란스러웠다.

어릴 때 나는 학교에 가기 위해 싸워야 했다. 우리 야영지의 어느 누구도 학교에 다니지 못했다. 아버지는 내 고집을 이해하지 못했다. 나는 배우기 위해 매일같이 삼십 킬로미터쯤 되는 거리를 걸어 다녔다. 그것은 자유를 얻기 위해 치러야 하는 대가였다. 말리에서는 26퍼센트의 아이들만이 학교에 다닌다.

몸이 편안하면 나약해지게 마련이다. 우리 부족에게, 마시고 먹고 배우는 것은 하나의 전투다. 그 때문에 우리는 아주 어릴 때부터 강해지고 우리 자신에게만 의지하는 법을 배운다. 어떤 재산도 우리를 보호해 주지 못한다. 부족의 뒷받침만이 그나마 의미 있을 뿐. 당신들은 행복을 깨닫기에는 어쩌면 아직 배가 덜 고픈 것인지도 모른다. 삶의 허기….

하지만 가진 것 없는 이들과 자신의 처지를 비교하는 것만으로 충분히 행복할 수 있을까? 최소한의 생활비로 살아가는 사람들을 두고, 정신적인 행복을 느끼기 위해서는 완전히 빈손이 되어야 한다고 말한다면 그것은 끔찍한 일이다.

학교에 가기 위한 싸움은 나를 만들고, 지금의 내가 될 수 있게 해 주었다. 어머니와 할아버지, 할머니는 돌아가시면서 내게 날개를 달아 주셨다. 나는 야영지를 떠나 학교로 출발하면서 자유로움을 느꼈다. 아버지는 당신 삶을 다시 시작해야 했고, 내겐 앞으로 만들어 가야 할 내 삶이 있었다.

사막을 떠나면서 나는 삶과 대면하는 법을 배웠다. 타보예에서는 조국을 존중하는 법도 배웠다. 나는 이제 투아레그족이면서 말리인이기도 했다. 매일 아침 우리는 애국가를 불렀다. 그것은 언제나 장엄하고도 고귀한 순간이었다. 우리는 말리를 지킨 사람들을 추모하고 그들의 용맹성을 기렸다. 수업에 앞서 우리는 조상들이 그들의 삶에 의미를 부여할 줄 알았다는 것을 배웠다.

내가 그토록 사랑하는 프랑스에 적응하려고 나는 모든 면에서 노력한다. 하지만 퇴폐한 광경에, 피어싱으로 훼손된 얼굴에, 엉망인 옷차림과 불안감으로 얼굴이 창백하게 일그러진 소년 소녀 들에게, 술에 취해 정신을 잃은, 시선이 엇갈리는 밤들에, 젊은이들이 연장자에게 말하는 태도에, 괴로운 삶에 대한 끝없는 한탄에 늘 익숙한 것은 아니다….

어떤 고통과 시련을 겪든 간에, 우리는 의연함을 잃지 말아야 한다. 고통과 대등하게 맞서야 한다. 아이를 잃고도 냉정을 잃지 않는 투아레그족 어머니들을 보았다. 그들은 아무 말 없이, 침묵 속에서 그들의 베일을 매만졌다. 체념하지 않을 것. 절대로. 쓰러지지 않기 위해서. 타락에 몸을 굽힌 사람들을 보면, 고개를 들어 앞을 똑바로 보라고 말해 주고 싶다. 주위를 둘러보라고. 모든 것이 거기 있다고.

사실 시련은 우리를 성장시킨다. 투아레그족 항쟁은 당시 우리 자신에 대한 가슴속 믿음을 굳건히 해 주었다. 고통 속에서, 우리는 우리의 가치를 지지하기 위해 마침내 우리 자신을 주장하기에 이르렀다.

오랜 세월 투아레그인들은 사막에서 유목을 하며 살아왔다. 삼백만 명 정도의 투아레그인들이 현재 말리와 나이지리아, 알제리, 리비아, 부르키나파소의 사막에 살고 있다. 유목민으로서 이동에 이동을 거듭하는 우리 투아레그인들에게 있어 국가의 개념은 사실상 없는 것과 마찬가지다. 그렇기 때문에 우리는 그 다섯 국가들에게 이방인 취급을 받고 있다.

경제적·정치적인 위협으로부터 고통 받던 투아레그인들은 1990년 그들의 문화를 지키고 자유를 획득하기 위해 혁명을 일으켰다. 그때 나이지리아와 말리 정부에 의해 학살당한 투아레그인들이 약 1만여 명에 달한다.

혁명 이후 나이지리아와 말리 정부는 투아레그인들에게 거주 지역을 정해 주고 그 울타리 안에서 살아갈 것을 명했다. 그들은 유목을 그만두지 않으면 아이들이 학교에서 배울 수 있는 기회를 가질 수 없을 것이며, 의료 혜택도 받을 수 없을 것이라고 위협했다. 평생을 사막에서 자유롭게 이동하며 유목을 하던 우리에게 유목을 그만두라고 하는 것은 죽으라고 말하는 것과 다름없다. 우리는 우리의 조상이 살아온 방식대로 앞으로도 살아가길 바랄 뿐이다.

정부와 대항해 투쟁을 계속하던 투아레그인들은 살아갈 방도를 찾아야 했다. 이전에는 낙타와 소, 염소, 양 등 가축이 있었지만 몇 차례에 걸친 가뭄의 영향으로 그나마 남아 있던 낙타들도 모두 잃은 우리는 사냥을 하며 사막에 남았다. 그러나 그도 오래가지 못했다. 사냥할 짐승들이 더 이상 남아 있지 않았기 때문이다.

결국 투아레그인들은 아이들을 학교로 보내야 한다는 결론에 이르렀다. 조상 대대로 유목을 해 오던 투아레그인들은 사막을 자유로이 이동하며 짐승을 치는 것 외에는 할 줄 아는 게 없었다. 도시로 내려와 살며 다른 이들처럼 기술을 배워 살아간다는 것은 그들에게 있어 영혼이 죽는 것과 다름없다. 하지만 환경의 변화와 정치적 요인들로 인해 사막에서의 생활은 날이 갈수록 어려워지고 있다. 아이들을 학교에 보내 교육을 시키는 것, 그들을 도시와 서구의 다른 나라들로 보내 넓은 세상을 접하게 하는 것, 그 길만이 생존할 수 있는 유일한 방법이다.

말리에는 약 이십여 개의 투아레그 학교가 있다. 내가 동생과 함께 운영하는 '모래학교'도 그중 하나이다. 그러나 열악한 시설과 부족한 경비, 작은 규모 등 투아레그 학교가 가진 문제점은 아직 다 해결되지 못했다. 나는 더 많은 투아레그 아동들이 투아레그 학교에서 교육 받길 바란다. 정부 주관의 학교나 프랑스 학교가 우리 종족의 문화와 정신적 유산을 지킬 수 있도록 투아레그 아동들을 위해 특별 수업을 할 리 만무하기 때문이다. 우리에게 있어 종족 멸족의 가능성은 두 가지 경우에 해당된다. 우리는 사막에서 이대로 우리 것을 지키며 살다 죽을 수 있다. 또 교육을 위해, 일자리를 찾아 생존하기 위해 도시로 가는 젊은이들이 만약 자신의 뿌리를 잃는다면 우리는 영혼을 잃게 된다.

말리가 독립한 지 서른 번째 해가 되는 1990년까지, 투아레그 공동체에는 국가적인 제도나 체계라 할 만한 게 거의 없었다. 자기 나라로 돌아가 버리면 그만인 다른 외국인들에게 그랬듯, 말리인들에게 세금을 바치게 하는 정도였다. 1990년, 투아레그족 젊은이들 무리는 이웃한 니제르 공화국에서처럼 무기를 들고 말리의 중앙 권력에 대항하는 항쟁을 벌였다. 평화조약이 조인되었지만 아무런 효과가 없었다. 전쟁은 다시 발발했고, 투아레그 시민 학살의 기세가 배가되어 만 명의 사망자를 낳았다. 1996년부터 새로운 체제인 민주주의가 들어서면서 말리의 혼란은 상대적인 소강 국면에 접어들었다. 하지만 투아레그족 문제는 그대로 남아 있었다. 투아레그족은 여전히 완전한 권리를 가진 시민으로 여겨지지 않았던 것이다.

항쟁이 일어났을 때, 남동생과 나는 그 항쟁을 제대로 이해하고 있었다. 우리도 배척을 경험한 것이다. 우리 역시 투아레그족에게 강력하고 풍부한 문화가 있다는 것을 알리고 싶었다. 국가에서는 우리에게 여권 없이 국경을 넘을 수 있는 권리를 주지 않았다. 우리는 여권을 가질 수 없는 상황이었는데도 말이다. 여권을 가지려면 신분증이 필요하고, 신분증을 가지려면 출생증명서가 필요한데, 그것은 조산원에서 기록한 정확한 생년월일이 있어야만 손에 넣을 수 있었다. 그런데 투아레그족은 사막에서 태어나기 때문에 생일도, 정확한 나이도 전혀 모른다.

말리의 투아레그족이 니제르의 국경을 넘는 것은 조국을 바꾸는 게 아니라 다른 투아레그족을 만나는 것이다. 우리에게 국경은 중요하지 않다. 중요한 것은 부족들뿐이다. 하늘에는 국경이 없다.

우리는 늘 배척으로 고통 받았다. 가오의 장터에 갔을 때, 우리는 투아레그족이라는 이유로 바가지를 썼다. 학교에서는 아이들이 말을 걸어 주지 않았다. 항쟁이 일어났을 때 나는 상황이 바뀔 거라고 확신했다. 변화가 필요했다.

동생 이브라힘과 나는 학교에 남고 싶었다. 싸우는 것보다는 교육의 힘으로 우리 부족의 이익에 더욱 봉사할 수 있을 거라고 생각했다. 혼란의 와중에, 내 가족은 나를 놔두고 알제리로 피신해야 했다. 피난길에, 투아레그 젊은이들이 내 동생을 멈춰 세우고는 자기들에게 합류하라고 강요했다. 동생은 항쟁에 뛰어들 만한 나이였던 것이다. 그들은 동생을 자기들 우두머리에게 데려갔다. 우두머리는 동생에게 무슨 일을 하는지, 왜 도망치고 있는지 물었다. 동생은 학교에 다녔는데 말리에서의 삶이 너무 위험해서 알제리로 떠나는 것이라고 설명했다. 그러자 우두머리는 동생을 보내 주었다. 그 역시 내 동생이 전선보다는 학교에서 더 쓸모가 있을 거라고 확신한 것이다. 항쟁이 끝나면 투아레그족은 펜의 전사들이 되어야 했기 때문이다.

그 시기에 나는 부렘에 머물렀다. 어느 새벽 다섯 시경, 나는 여러 번의 총성에 잠을 깼다. 집 계단을 급히 내려가 밖으로 나갔다. 어둠 속에서 총격 소리가 들렸다. 도시 사방에서 들려오는 듯했다. 피투성이가 된 사람들이 정신없이 달려갔다. 도시는 아수라장이었다. 이틀 뒤에 내 삼촌인 아가탐이 지프를 타고 도착했다. 삼촌은 차에 삼촌과 나의 옷가지들을 실었다. 항쟁에 동참하기 위해 떠나기로 작정한 것이다. 삼촌은 내가 함께 떠나 주기를 바랐다. 하지만 나는 무기를 들고 싶지 않았다. 아버지의 축복을 받지 않고 삼촌을 따라갈 수는 없었다. 삼촌을 혼자 떠나보내고, 나는 아버지의 친구인 우스메인 씨 집으로 갔다. 나중에 삼촌은 반군 지도자가 되었다.

항쟁 초기에는 학교에도 더 이상 갈 수 없었다. 몸을 숨겨야 했다. 내가 전기 중등교육 수료증을 받을 때까지 우스메인 씨가 나를 보호해 주었다. 그해 말에 나는 사막으로 떠났다. 몸을 피하고 가족 곁에서 자유를 찾기 위해서였다. 그 시기 내내 나는 절망했다. 만질 수도 없는 무기를 들지 않고는 달리 가족을 지킬 방도가 없다는 사실에.

또 다시 일어난 항쟁 역시 강력하고 위협적이었다. 무사 트라오레(말리의 군인이자 정치가. 1968년 11월 쿠데타를 지휘, 초대 대통령인 케이타를 추방하고 민족해방군사위원회 의장이 되어 정권을 장악했다.)의 피비린내 나는 독재 체제를 위한 것이었다. 그가 권력을 잡기까지 스물두 해가 걸렸다. 대학생들은 대단히 험난한 여건에서 공부했다. 그러한 상황을 타개하고 바꾸기 위해, 대학생들과 고등학생들이 '말리 고등학생 대학생 협회'를 창설했다. 그 시기에 말리에는 대학교가 없었다. 대학입학 자격시험을 치르고 나면 학생들은 유학이 아니고는 아무런 교육도 거의 받을 수가 없었다. 우리 2학년 반에는 125명의 학생이 있었다. 우린 더 이상 그것으로 만족할 수 없었다. 그래서 신문기사와 라디오 방송을 내보내고, 파업을 조직했다. 우리는 비밀 집회도 가졌다. 심지어는 화장실에서까지. 국가 경찰의 추적을 받고 있었던 것이다. 도처에서 스파이들과 맞닥뜨릴 가능성이 있었다.

우리는 국가에 위협적인 존재였다. 국가를 공공연히 비난했던 것이다. 우리 모두가 집결해 있던 어느 날 스파이들에게 기습을 당했다. 우리는 감옥에서 열하루를 보냈다. 한 방에 46명의 학생이 갇혀 있었다. 섭씨 50도에 이르는 찌는 듯한 열기 속에 날바닥에서 잠을 잤다. 아침마다 한 장교가 우리를 찾아왔다. 우리가 유치되어 있는 헌병대 제1캠프의 우두머리였다. 그는 우리에게 이 말을 되풀이했다.

"살면서 추위도 열기도, 좋은 날도 나쁜 날도 겪어 봐야 한다."

이 모든 투쟁 속에서 나는 강해지는 법을 배웠다. 정당한 요구에 대한 주장을 굽히지 않았기 때문에 바로 지금의 우리가 존재할 수 있었다.

그 누구도 자신의 미래를 예측할 수 없듯 우리도 투아레그의 미래가 무엇이라 이야기할 수 없다. 다만 현 상황에서 비추어 볼 때 우리가 추측할 수 있는 것은 30~40년 안에는 전통적으로 사막에서 유목을 하며 살아가는 투아레그인들이 그리 많지 않으리라는 것이다. 극심한 가뭄으로 사막은 점점 더 살기 어려운 곳으로 변해 가고 있고, 그로 인해 우리는 현재 경제적으로 매우 어려운 상황에 처해 있다. 투아레그인에 대한 정부의 정책도 우리 삶을 옥죄는 하나의 원인이 되고 있다.

유목을 하며 사막에 남을 것인가, 혹은 도시로 내려가 새로운 환경에 융합되어 살아갈 것인가 하는 선택은 우리에게 그다지 중요한 문제가 아니다. 투아레그족의 미래에 있어 더 중요한 문제는 어디에서 어떤 삶을 살든 우리의 전통과 정신을 지키고 이어 나가는 것이다. 그러기 위해서는 우선 살아야 한다. 교육을 통해 보다 넓은 세상이 있다는 것을 알아야 한다. 더 많이 보고, 느끼고 배워야 한다. 끝까지 자긍심을 잃지 말고, 우리 조상들의 정신적인 유산을 지켜 나가야 한다. 투아레그 아이들이 성장해 어디서 어떤 일을 하며 살아가든 자신이 누구인지를 잊지 않는다면, 그리고 우리의 소중한 정신적 유산들을 타인과 함께 나눈다면, 우리의 미래는 밝다. 그리고 그것이 바로 우리가 꿈꾸는 미래다.

실상 자신의 터전을 떠나 도시로 간 투아레그 젊은이들도 많다. 라디오나 텔레비전에서 보여 주는 도시 생활과 현대 문명의 물질적 풍요는 분명 매우 매력적인 것이다. 하지만 그러한 것들은 허상에 불과하다. 비록 환영을 좇아 많은 젊은이들이 도시로 떠나갔지만, 우리에게는 아직 희망이 있다. 도시로 몰려갔던 젊은이들이 다시 돌아오기 시작했기 때문이다. 돌아와 투아레그인들이 예전처럼 살 수 있는 터전을 만들기 위해 일하기 시작했기 때문이다.

타보예 마을에 살 때, 학교에 다니면서 돈 한 푼 없이 어떻게 먹고살까 매일같이 궁리하던 나는 배고픔도 모르고 집에서 사는 사람들은 틀림없이 행복할 거라고 생각했다. 자라면서, 내 순진함에 웃음이 나왔다. 어떻게 그런 어리석은 생각을 할 수 있었을까? 지붕은 고통을 막아 주지 못한다. 바람과 햇볕만을 가려 줄 뿐. 그 지붕 아래에 사는 사람들 역시 기쁨과 슬픔 사이를 오갔다. 그때 나는 곧바로 깨달았다. 변치 않는 가장 크나큰 부는 자기 자신이 되기를 간절히 갈망하는 것임을.

내가 만난 많은 프랑스인들은 더 가지지 못해, 갖고 싶은 것을 가지지 못해 불행해한다. 그러나 행복은 더 많이 갖는 데 있지 않다. 먼저 자기 자신으로 돌아가야 한다. 자신의 고유성을 잃지 말고 자기 안에서 발전과 변화를 이루어야 한다. 그러기 위해서는 우선 자신의 있는 그대로의 모습을 인정하고 받아들이며 지금 이대로의 내 모습이 완벽한 것임을 알아야 한다. 우리 모두는 신성한 존재이기 때문이다. 또한 이미 자신에게 주어진 것들에 만족하고 감사할 줄 알아야 한다. 나누는 삶은 행복의 필수 조건이다. 아무것도 기대하지 말고 자신이 가진 빵 한 쪽 모두를 타인에게 베풀 줄 아는 마음은 매우 아름다운 것이며 우리 모두에게 필요한 것이기도 하다.

바마코 시절에 우리는 프랑스와 프랑스의 부유함을 동경했다. 순진하게도, 집에 텔레비전이 있으면 훨씬 더 행복해질 수 있을 거라고 생각했다. 하지만 중요한 것은 우리 자신 속에 지닌 이미지다. 사막에서는 소유할 것이 거의 아무것도 없기에 의지할 데라고는 우리 자신뿐이다. 물질적인 재산이 없으면 존재는 깨어난다. 우리가 자신에게서 찾아내는 것 말고는 그 무엇도 우리를 안심시키지도, 용기를 북돋워 주지도 못한다. 아무것도 쓰지 않는다면 쌓아 두는 게 무슨 소용이겠는가? 의지할 데가 그들 자신과 그들의 믿음 밖에 없다는 것은 가난한 나라의 힘일 수도 있다….

사막에서는 지인을 우연히 만나면 반 시간 넘게 상대방 가족의 안부를 묻는다.

"부모님, 형제자매들, 사촌들, 조부모님, 삼촌, 고모, 이모, 동물들은 어떻게 지내나요?"

같은 질문을 열 번씩 되풀이해서 던진다. 이 개괄 검토가 끝나야만 본론이 시작된다. 가족에 대해 묻는 나를 보고 놀라는 프랑스 사람들이 이해가 되지 않았다. 그들이 나를 무례하다고 생각한다는 것을 알게 되었다. 그 뒤로는 그들의 일에 대해서만 언급했다. 나로서는 내 앞에 있는 사람의 가족이 어떻게 지내는지 모르는 한은 누구에게 말을 걸고 있는 것인지 알 수가 없다. 왜냐하면 그 사람을 구성하는 것은 바로 가족이기 때문이다. 우리를 만드는 것은 가족이다. 가족은 우리의 반석이다.

내 가족, 내 사촌들에 대해 말하지 않은 이상, 나에 대해서도 온전히 말하지 않은 것이다. 실제로 사촌들끼리는 아주 특별한 끈으로 이어져 있다. 삶에서 어떤 일이 일어나든, 사촌들은 언제나 곁에 남아 있을 것이다. 그들과 나를 한데 묶어 주는 끈은 생명력보다도 더 질기기 때문이다. 아주 어릴 적에 우리들 사이에 매우 폭력적인 일이 일어났었다. 아직 어린 나를 사촌들이 억지로 데려다가 가시나무 안에 남겨 둔 것이다. 어머니는 그런 사촌들을 보고도 아무 말도 하지 못했다.

우리 사이에 끊어지지 않는 끈을 만들어 준 것은 바로 그 사건들이다. 그 사건들로 인해 우리가 삶에 입문하게 되었으니 말이다. 우리를 사랑하는 사람들마저 우리에게 해를 끼칠 수 있다는 사실을 알게 된 것이다.

프랑스인 친구들은 매일 마주치는 이웃이나 동료, 상인들에 대해 아무것도 모른다고 종종 털어놓는다. 음악, 영화, 정치 같은 그들 외부의 주제만 언급하기 때문이다. 왜 당신들이 누구인지, 어디서 왔는지 말하고자 하지 않는가? 깊은 의미가 없는 그 모든 말이 무슨 소용일까?

현대인들은 집을 짓고 그 안에 갇혀 산다. 누군가를 만나기 위해 집으로 들어가려면 건물 현관문의 비밀번호가 필요하다. 기계는 감정이 없다. 우리의 부름에도 대답하지 않는다. 비밀번호를 누르고 건물 안으로 들어가도 밝은 얼굴로 맞이하는 친구의 모습은 거의 보이지 않는다. 프랑스에서 친구의 집을 방문하려면 대부분 대문과 건물 입구를 통과할 두 개의 비밀번호가 필요하고, 엘리베이터의 버튼을 눌러야 한다. 그런 다음 또 하나의 관문인 초인종을 눌러야 한다. 사람과 사람이 만나는 데 꼭 이렇게 복잡한 절차를 거쳐야 하는 것일까. 또한 현대사회는 메일과 전화 등 편리한 통신 수단을 가지고 있다. 그러나 그 역시 감정이 없는 기계를 통한다. 많은 이들이 메일을 통해 소식을 전하고 자동응답기에 메시지를 남기지만, 그것은 대화가 아니다. 진정한 의미의 대화는 가슴과 가슴이 닿아야 한다. 한쪽의 일방적인 의사전달이 아닌 상호작용에 의한 만남이다. 현대인들이 고독한 것은 바로 이러한 대화의 부족 때문이다. 가까운 사람들을 눈앞에 두고 서로의 시선을 교차하며 마음을 열고 나누는 말들은 더없이 따뜻하다.

대화 못지않게 감촉도 중요하다. 나는 감촉을 고독을 치유하는 좋은 치료제의 하나로 본다. 사랑하는 연인들끼리의 포옹은 말할 것도 없거니와 친구나 가족 간의 피부 접촉은 때로 열 마디 말보다 더 많은 위안을 줄 수 있다. 슬픔에 잠긴 친구의 어깨를 안아 주거나, 아픈 아이의 이마를 짚어 주거나, 용기가 필요한 형제의 손을 잡아 주는 것, 그러한 접촉이 없다면 세상은 너무도 삭막해질 것이다. 우리는 좀 더 자주, 우리가 사랑하는 사람들과 이웃들을 안아 줄 필요가 있다.

    우리는 공동체 안에서 서로 협력하며 살아간다. 그것은 생존하기 위해 우리가 취해야 할 필요불가결한 방식이었다. 사막에서 홀로 살아간다는 것은 불가능하다. 그러나 굳이 사막이 아니더라도 인간은 혼자 살 수 있는 존재가 아니다. 함께 더불어 살아가기 위해 만들어진 존재다. 사실 생존을 위해 필수적인 공동생활을 유지해 나가는 데 개인은 그렇게 큰 자리를 차지하지 않는다. 나는 '나'라는 존재의 현현이지만, 모두 안의 '나'를 표현하기도 한다. 사막의 생활에서 대부분의 낮 시간은 서로를 위해 쓰인다. 그러나 밤이 되면 우리는 자기 자신과 다시 만난다. 사막에서 밤의 시간은 매우 소중하다. 낮의 노동과 소란스러움을 지나 고요한 풍경 속에 앉아 자기 자신과 평화로이 만나는 시간이기 때문이다. '나'라는 존재의 개별성을 잃지 않으며 함께 살아가는 것이다.

이 사막에서 우리는 행복했다

프랑스에서는 매일 씻지 않는 것이 사건이겠지만, 사막에서는 흔한 일이다. 대지와 어울려 사는 사람은 자신이 더럽다고 느끼지 않는다. 모래와 바람이 우리 몸과 영혼을 끊임없이 씻어 준다.

친구들은 내게 종종 묻는다. 사막의 사람들은 몸을 씻으려면 어떻게 하는지. 우리에겐 일상적인 몸단장을 위해 쓸 물이 충분하지 않을 때가 잦다고 대답하자, 친구들은 혐오스러워하는 듯했다. 그래서 내가 물었다. 하루에 두 번씩 씻어야 할 필요성을 느낄 만큼 그들 안에 그토록 더러운 게 들어 있느냐고.

그런데 프랑스에 온 뒤로 나 역시 매일같이 샤워를 한다…. 도시에서는 자연의 한가운데에 살지 않는다는 이유로 우리 몸이 더러워지기라도 하는 것처럼.

내가 늘 물을 평범하게 바라볼 수 있는 것은 아니다. 물은 여전히 귀하고 소중하다. 물의 고갈이 어떤 죽음을 불러오는지 아는 까닭이다. 내가 사랑한 삼촌도 갈증을 이기지 못해 죽었다. 사람들에게 발견되기 닷새 전에 숨져 있었다. 야영지는 이미 너무도 오랫동안 불안에 떨고 있었다. 그러자 남자들은 물과 식량을 챙겨 낙타에 싣고 물을 찾아 떠났다. 소들을 잃어버리자, 삼촌은 소들의 흔적을 찾아 나서기로 마음먹었다. 가족의 유일한 재산인 소들 없이 야영지로 돌아간다는 것은 삼촌에게 상상도 할 수 없는 일이었다. 사실 소들은 한동안 야영지로 쓰였던 마지막 목초지로 돌아가 있던 터였다. 삼촌이 거대한 사막으로 깊이 들어가면 들어갈수록, 삼촌이 살아남을 마지막 기회란 소들을 찾는 것뿐이었다. 삼촌이 가진 물은 바닥나 있었다. 소들을 되찾으면 젖이라도 마실 수 있을 터였다. 삼촌은 발길을 되돌릴 수도 없었다. 야영지로 돌아가기엔 너무 멀리 와 있었던 것이다.

고통과 고독 속에 닷새를 보낸 삼촌은 나무 아래에서 주검으로 발견되었다. 최후의 거처인 그늘에서. 삼촌은 쓰러져, 그토록 사랑한 사막에게 자신의 생명을 돌려주기 전에, 가족들이 자신의 시신을 찾을 수 있도록 옷을 벗어 나뭇가지에 걸쳐 놓았다. 끔찍했다. 그러한 죽음에 대한 두려움은 우리가 이 땅에 태어나는 순간부터 우리를 무겁게 짓누른다.

하지만 우리는 인내심을 통해 기대한 것보다 더 많은 것을 얻게 된다. 인내를 통해 자기 자신과 만날 수 있을 뿐만 아니라 진정한 자기 자신으로 머무를 수 있다. 우리 부족에 이런 말이 있다.

"서두르는 사람은 죽은 사람이다."

죽은 사람이라고 말하는 이유는, 자신에게 주어진 삶을 관조할 시간도 없이 소멸을 향해 내달리기만 하는 사람이기 때문이다. 인내심은 시간과 짝이 되어 여유 있는 행동을 하게 해 줌으로써 자신에게 충실하도록 도와준다.

참을성이 있으면, 우리 자신에게서 벗어나는 일이 결코 없다. 실제로 서두르다 보면 흥분하고 놓치는 것들이 많아져, 우리의 온 존재는 조화를 잃어버린다. 지각했을 때 버스를 기다리는 일은 성급한 사람에겐 고통이겠지만, 시간에 머무를 줄 아는 사람에겐 매우 풍요로운 시간이 될 수 있다. 행인들과 예쁜 여자들, 거리에서 펼쳐지는 삶의 이야기를 바라보는 것이다. 그러면 버스는 뜻밖의 선

이 사막에서 우리는 행복했다

물이 된다. 더 이상 기다리는 게 아니라, 스쳐 지나는 삶만으로도 우리 자신이 풍부해지도록 만드는 것이다.

프랑스에 온 지 얼마 안 되었을 때는 왜 그 모든 사람들이 지각하는 것에 대해 불안에 사로잡혀 있는지 이해가 되지 않았다. 한 친구에게 물었더니 친구가 이렇게 대답했다.

"무사, 시간은 돈이야!"

내겐 너무도 생소한 그 진리를 나는 오래도록 곱씹었다. 그럴 수도 있다는 것을 꿈에도 생각해 보지 못했다. 사실 주머니 속에 든 돈은 쓸 수나 있지만, 시간은 주머니 속에 넣을 수도, 일정표 속에 가둬 둘 수도 없다. 시간은 돈이 아니라 삶이다.

우리는 시간을 지배하려고 하지 않는다. 시간에 대한 다른 표현으로 '시간의 신부가 된다'는 말이 있다. 시간을 손에 쥐고 점령하는 것이 아니라 그와 함께 살아간다는 의미다. 따라서 시간의 뒤를 쫓아 허겁지겁 달려가는 일은 없다. 오직 시간과 함께, 그 안에서 살아갈 뿐이다.

사막에는 현대문명에서 누릴 수 있는 여러 물질적 혜택들이 없다. 테제베, 자동차, 자동문, 에스컬레이터, 높은 건물 등 물질적인 면을 제외하고, 사막이 가지고 있지 않은 것들 중 다른 차원에서 가장 눈에 띄는 것은 다이어리(일정표, 일과표)가 없다는 사실이다. 프랑스인들은 일과표를 작성해 오늘과 내일, 한 달 후의 일까지 미리 다 계획을 세워 놓는다. 그리고 시간을 분과 초로 나누어 바쁘게 뛰어다닌다. 매우 젊은 나이부터 노후를 걱정하고, 그에 대한 대책을 마련하느라 많은 시간을 투자한다. 그러나 우리에게는 오직 아침과 점심, 저녁만이 있을 뿐이다. 내일을 계획하지도, 걱정하지도 않는다.

우리가 사는 것은 미래가 아니라 오직 현재다. 아침이 오면 우리는 밝아 오는 태양과 함께 자리에서 일어난다. 따라서 자명종도 없다. 지상에 어둠이 내리면 우리에게 주어졌던 하루에 감사하며 잠자리에 든다. 우리는 시간을 재지 않는다. 시간뿐만 아니라 돈과 거리 또는 물건의 양을 재거나 측량하는 단위도 없다. 우리에게 양 한 마리는 그저 양 한 마리일 뿐이다. 몇 킬로그램의 고깃덩어리가 아닌 것이다.

현대인들이 가진 가장 큰 문제점은 지금 이 순간의 시간을 살지 못한다는 것이다. 사람들은 저마다 시간을 호주머니 안에 넣고 다니면서 재고로 남아 있는 시간을 파악하여 새로운 계획을 세우거나 늘 시간에 쫓기며 살아간다. 그러면서 '시간은 금'이라고 말한다. 그들은 늘 한 시간 후와 내일을 걱정한다. 그러나 우리는 미래를 살고 있는 게 아닐뿐더러 더구나 미래는 현재에서 탄생한다. 지금 이 순간을 충분히 살아야 내일도 있다. 그런데 조급하게 아직 오지 않은 시간을 향해 뛰어다닐 필요가 무엇이 있겠는가?

사막은 인내하며 나아가야 하는 길이다. 야영지의 남자들이 돌아오기를 몇 날 며칠 동안 꼬박 기다리는 일도 있고, 달아난 암낙타를 찾아 사막으로 그 흔적을 오랫동안 따라가는 일도 있고, 바람 소리에 귀를 기울이고 어서 바람이 잦아들기를 기다리며 천막 아래 남아 있는 일도 있다. 가장 아름다운 이야기, 불멸의 작품은 시간의 흐름에 따라 만들어지고, 흐르는 세월은 그것에 영혼을 불어넣는다. 우리 조상들은 말했다.

"인내의 끝에는 하늘이 있다."

나는 사람들이 "시간이 없어"라고 말하는 것을 듣고 몹시 놀랐다. 시간은 우리 것인데! 시간에 전념할 줄 안다면, 시간의 곡선을 따를 줄 안다면 시간은 우리 것이다. 따라서 중요한 건 언제나 기다림을 친구로 만드는 것이다. 때로는 현실로 이루어지기도 하는 기다림의 신기루를 양식으로 삼으며.

하루는 아버지와 삼촌과 함께 물을 찾으러 갔는데, 갈증 때문에 몹시도 괴로웠다. 아버지와 삼촌에게 말할 수는 없었다. 어떤 일이 있어도 불평하지 않는 법을 그분들에게 배웠기 때문이다. 우리에게 갈증은 거듭되는 고통이다. 아버지와 삼촌도 내가 힘들어하는 것을 알고는 힘을 북돋워 주려고 신기루에 도움을 청했다. 날이 너무 뜨거웠다. 멀지 않은 땅바닥에 물이 보이는 듯했다. 삼촌이 내게 말했다.

"물을 찾게 될 거야. 네 앞을 봐. 물이야."

나는 만족했다. 그래서 다시 용기를 냈다. 그런데 물이 계속 멀어졌다. 매번 조금 더 희망을 품었다. 상상의 물이 진짜 물이 있는 곳으로 나를 이끌어 줄 거라 확신했다. 걸으면서 나는 신기루가 진짜 연못물 속에 녹아들 때까지 그 신기루로 목을 축였다. 지금도 나는 환상이 우리를 진리로 나아갈 수 있게 도와준다고 믿는다. 우리는 기다림과 우리들 꿈의 약속을 가득 채우는 꿈처럼 신기루를 볼 수 있다.

우리는 인내를 시간과 쌍둥이 형제라고 여긴다. 시간을 이해하려면 인내할 줄 알아야 하고, 인내심을 잃지 않는다면 시간을 이해할 수 있다. 그러나 여기에는 많은 믿음이 필요하다. 그 믿음을 버리지 말아야 한다.

침묵은 언어 못지않게 소중한 보물이다. 어떤 때는 언어를 통한 의사소통보다 침묵이 더 많은 것을 알려 주기도 한다. 어떤 상황에도 말을 아낄 줄 아는 사람이 되는 것이 중요하다. 물론 인간이기 때문에 우리는 때로 많은 실수를 하고, 말로 인해 타인에게 상처 주기도 한다. 하지만 우리는 배우기 위해 세상에 왔다. 그렇기 때문에 끝까지 자신에게 부족한 것이 무엇인가를 알고 배워 나가는 자세를 잃지 말아야 한다. 그러한 의지만 있다면 우리 모두는 삶에서 가장 중요한 어떤 것들을 배우고 이해할 수 있다. 인생에서 실패했다고 여기는 사람이라고 하더라도 사실 그는 실패한 게 아니다. 실패했다고 느끼는 것 또한 하나의 배움이기 때문이다.

모든 일들은 일어나야 하기 때문에 일어나는 것이다. 그러나 힘든 시절을 참고 인내하면 언제나 맑은 하늘이 우리를 기다리고 있음을 알 수 있다.

도시 공간은 죽음의 장소를 떠올리게 한다.

대학에서 만난 한 친구는 절대로 나를 집에 초대하려 하지 않았다. 그가 살고 있는 공영주택을 보고서야 그가 거부한 이유를 깨달았다. 가족들은 콩나물시루의 콩나물들 같았고, 그 집에 숨 쉴 공간이라곤 없었다. 벽들은 종잇장처럼 부실했다. 도시에서 살기 위해서라고는 하지만 어떻게 그런 새장 같은 곳에 갇혀 살 수 있는지 이해가 되지 않았다. 시골은 인적 드문 허허벌판인데, 사람들은 도시에서 몇 푼이라도 벌겠다는 희망을 갖기 위해 서로 칸막이를 세운 채 자신들의 생명 공간을 잃어 가고 있다.

천막 속의 우리에게 사생활이란 거의 없었다. 온 가족이 나란히 누워 잤지만, 우리에겐 사막이 있었다. 지평선을 보려면 고개를 돌리기만 하면 되었다. 도시 생활의 비참함이 사막에서보다 더 끔찍할 수 있다는 것을 깨달았다. 도시 사람들은 서로를 모르는 채 비좁게 살아간다. 그들은 서로를 방해하면서도 돕지 않는다. 저마다 자기 상자 속에 들어앉아 있다. 조용한 생활을 위한 공간이라곤 전혀 없는 그 탑들 속에 만연해 있는 지독한 고립에 대해 그 친구가 언급했다. 숨이 가빠지지 않으려면 하늘을 봐야 한다는 것을 그들이 잊지 않기를 바란다.

그들의 상상세계가 숨 쉴 수 있기를 바란다. 지평선 깊숙한 곳에서 여러 달을 홀로 지내는 사막의 목동들을 꿈꾸면서. 사막과 가장 위대한 사랑 이야기를 경험하는 것은 바로 그 목동들이다. 사람들은 야영지에 대해서는 자주 말하면서도, 가족이 함께 동물들을 따라갈 수 없는 까닭에 목초지를 찾아 짐승들과 홀로 떠나는 그들에 대해서는 말하지 않는다. 그들은 간절기인 4월과 7월 사이의 궁핍한 시기에 야영지를 떠난다. 끔찍한 고독과 싸워야 하는 석 달을 위해 식량을 챙긴다. 먹을 게 바닥나면, 그들은 짐승의 젖으로 연명한다. 떠났다가 때로는 영영 돌아오지 못하기도 한다. 매번 사막에 조금 더 도전하려 하기 때문이다. 그들이 돌아올 때, 여자들은 시로써 맞이한다. 가축 떼는 불어나 있고, 양들은 털을 깎을 때가 되어 있다. 하지만 이듬해가 되면 그들은 다시 떠난다. 스스로 어떤 의문도 제기하지 않고. 그들은 단지 전통을 보전할 따름이다.

사람들 한가운데에 있다 하더라도, 자신 안에서 이러한 고독의 공간을 찾아야 한다. 고독의 풍요와 고통을.

나는 전통이 사람들을 단결시키고 기억을 되새기게끔 한다고 확신한다. 유감스럽게도 프랑스에서는 종교적이고 국가적인 기념일만 축제일로 여긴다. 하지만 자신의 하루를 신이나 기억에 바치기 위해 일을 쉬는 것은 아름다운 일이다. 의식은 일탈의 시간에 우리의 힘을 북돋워 준다. 의식은 매 순간을 성스럽게 만든다.

내가 부렘의 학교로 떠날 때, 아버지는 그 중요한 출발을, 지금도 내 가슴을 뭉클하게 만드는 상징들로 아로새겨 놓았다. 그것은 홀로서기의 순간이었다. 아버지의 품을 떠날 것이기 때문이었다.

나는 어른이 되어 있었다.

  그날 이후로, 아버지는 그 출발이 긴 여정의 첫 번째가 되리라는 것을 알았다. 매우 엄숙한 순간이었다. 우리는 염소 한 마리를 데리고 함께 출발했다. 야영지를 떠날 때, 두 마리 검은 새가 우리 머리 위 하늘을 지나갔다. 아버지가 말했다.

"자연의 축복을 받고 싶다면, 두 마리 새가 날아간 하늘 길 사이로 지나가야 한단다."

우리는 새들이 지나간 길을 따라가기 위해 멀리 에둘러 갔다. 나는 사막이 늘 나와 함께하리라는 확신을 안고 사막을 떠나고 싶었다. 이윽고 우리는 연못가에 이르렀다. 아버지가 염소를 잡았고, 우리는 그날을 기리기 위해 염소고기구이를 준비했다. 아버지가 당신에 대한 이야기와, 이제는 내 것이 된, 당신이 살아온 이야기를 들려주었다. 그러고는 존중의 표시로 당신의 리탐(아들이 아버지의 빈자리를 대신할 수 있다고 여겨질 때 아버지가 아들에게 주는 두건)을 내게 씌워 주었다. 그때부터 내가 더욱 강해진 느낌이었다. 아버지의 축복과 함께 떠나는 것임을 알았기 때문이다. 염소고기를 먹고 난 뒤, 우리는 벅찬 가슴으로 말없이 다시 길을 떠났다.

우리는 꼭 필요한 말만 나누었다. 다음 날 아버지가 마을에 나를 데려다 놓고 떠났을 때 내 눈에는 눈물이 맺혔다. 아버지가 멀어져 가는 모습을 보았고, 내 유년이 아버지와 함께 떠났음을 알았다. 우리의 힘은 우리가 태어난 곳과 민족의 역사에서 비롯된다. 우리는 조상을 존경하고 찬미하기에 우리 자신을 믿는다.

과거의 자신과 현재에 자기가 하고 있는 일로 자신을 정의하는 사람들을 많이 만나 보았다. 하지만 그들은 자신들의 뿌리에 대해서는 전혀 언급하지 않았다. 고독한 삶임에 틀림없는 듯했다. 자기 과거의 역사가 없다면, 현재와 미래와 대면하기 위해 아주 강해져야 한다. 자기 근원에 대한 자긍심이 없다면, 우리는 또한 행복 속에 고립된다. 행복은 시간 속에, 영속성 속에 뿌리내리고 있지 않기 때문이다.

우리에게 주어진 역사는 물질적인 것이 아니라 정신적이고 내적인 것이다. 그런데 만약 우리가 정신적 만족감을 얻지 못한다면, 물질적인 것으로만 도피할 수 있을 뿐이다. 가난한 사람들은 그들의 과거에 집착한다. 빈손으로도 그들은 풍요로워진다. 어느 부자가 과거를 더 이상 필요로 하지 않고 현재에 만족한다 할지라도, 그에겐 의지할 기둥 하나가 부족한 것이다.

투아레그족은 부족의 과거에 자긍심을 갖는다. 미래는 걱정하지 않는다. 미래는 서서히 도래할 것이기 때문이다. 반면 서양에서는 미래에 대한 근심이 현재를 망치고 있다. 열여덟 살 때부터 젊은이들이 노후를 걱정하니 말이다! 사실 삶이란 한 걸음씩 천천히 대면하지 않으면 실로 두려운 것이다. 그러므로 지금의 우리를 있게 한 것에서 우리의 힘을 끌어내면서, 오직 현재에 전념해야 한다.

바파(지도자 기능 적성 자격증)를 취득하기 전, 나는 프랑스의 학교와 도서관을 찾아다니며 투아레그족 이야기 수업 시간을 마련해 보면 어떻겠느냐고 제안했다. 사람들은 나에게 이야기 능력을 입증할 만한 자격증이 있느냐고 물었다. 내가 말을 잘하는 것만으로는 부족했다. 내 말은 마치 바람처럼 실체가 없는 것이었다. 바파 소지자인 지금에서야 비로소 언변가로서 인정받고 있다.

투아레그족의 문화는 구전 문화이다. 때때로 '티피나그'(이집트 상형문자와 비슷한 시기에 만들어진 베르베르족 문자)라는 암벽에 새겨진 문자가 발견되기는 하지만 말이다. 우리 말은 가치를 지니고 있고, 우리를 구속한다. 우리에게는 그 말이면 자취를 남기기에 충분하다. 하지만 당신들에게는 입증할 수 있는 증명서가 필요하다. 물론 그렇게 해서 역사가 남는 것이겠지만, 당신들은 당신들의 모든 약속이 잊히는 까닭에 신뢰할 줄을 모른다. 아프리카에서는 가게에서 손님이 물건 값을 치를 돈이 부족하다고 하면, 주인은 괜찮으니 내일 갖다 달라고 말한다. 그리고 약속한 사람은 어떤 일이 있어도 되돌아온다. 우리 부족에게, 사람이란 자기가 내뱉은 말을 지킬 줄 알기에 사람인 것이다.

이야기 수업을 위해 학교에 있을 때였다. 쉬는 시간에 한 여자아이가 간식을 잃어버렸다며 울음을 터뜨렸다. 나는 사막의 학교에서 내 동생이 가르치는 학생들에 대해 얘기하며 그 아이를 달래려고 애썼다. 프랑스의 아이들은 세 끼 식사 말고도 두 번의 간식을 먹으니 하루 다섯 끼를 먹는 셈이었다. 그런데도 그 아이는 배가 고파 울고 있었다. 수업을 시작하면서 나는 아이들에게 말했다.

"너희는 배가 고픈 게 두렵니? 그런데 너희가 배고픔을 알까? 배고픔은 남자일까 여자일까? 배고픔은 흰색일까 검은색일까? 너희는 배고픔을 모르니 대답할 수 없을 거다. 배고픔은 어디를 상하게 할까? 바로 너희들의 머리를 상하게 한다. 왜냐하면 너희의 배고픔은 뱃속에 있는 게 아니니까. 너희의 뱃속은 늘 가득 차 있지. 너희는 밥 먹을 시간이 되면 배가 고파지겠지만, 만약 시간을 잊는다면 몸이 신호할 때 먹게 될 거다. 너희 몸을 지배하는 문명화된 원칙이 아니라 너희들 몸에 귀를 기울이렴."

아무도 대답하지 않았다. 모든 아이들이 눈을 휘둥그레 뜨고서 나를 쳐다보았다. 그러고는 내게 사막의 아이들에 대해 물었다. 다시는 배고프다고 울지 않겠다고 열성껏 약속하며. 아이들의 그런 갑작스러운 용기가 놀라웠다.

아이들 때문에 가슴이 뭉클해졌다. 나는 아이들의 순진함, 눈빛, 삶에 대한 믿음, 열정을 사랑한다. 아직 어렸던 나는 칼릴 지브란의 〈예언자〉를 읽고 난 뒤 아이들에게 내 삶을 바치기로 결심했다. 자라나면서 나는 그 텍스트를 통해 큰 위인이 되겠다는 욕망을 품게 되었다. 특히 한 페이지는 내가 아이들에게 이미 갖고 있던 사랑과 무한한 경의를 환히 비춰 주었다. 오랫동안 나는 그 구절을 읽고 또 읽었다. 언젠가는 아이들에게 내 삶을 바치게 될 거라 확신하며. 나는 그 길 위에 있지만 여정은 멀기만 하다.

당신의 아이들은 당신의 것이 아니다.
그들은 생명의 아들이고 딸이다.

그들은 당신을 통해 왔으나 당신으로부터 온 것이 아니다.

또한 당신과 함께 있으나 당신의 것이 아니다.

그들에게 당신의 사랑은 줄 수 있으나 생각을 줄 수는 없다.

왜냐하면 그들은 그들 자신의 생각을 갖고 있기 때문이다.

당신은 그들의 몸은 맞아들일 수 있으나 영혼은 맞아들일 수 없다.

그들의 마음은 미래의 집에 머물기 때문이다. 당신은 그곳을 방문할 수 없다. 꿈속에서조차.

당신이 그들처럼 되려 하는 것은 좋으나,

그들을 당신처럼 만들려고는 하지 마라.

인생은 과거로 가지도 않고, 어제에 머무르지도 않기 때문이다.

당신은 활이요, 그 활을 통해 당신의 아이들은 살아 있는 화살처럼 날아간다.

활 쏘는 그분이 무한의 활터 위로 과녁을 겨누고 그 살이 빠르고도 멀리 날아가도록 힘을 다해 당신을 당긴다.

그분의 손으로 당겨진 당신의 팽팽함이 즐거움이기를.

그분은 날아가는 살을 사랑하는 것과 마찬가지로, 흔들림 없는 활을 사랑하시기 때문이다.

아버지가 나를 떠나 보낸 것은 내가 아버지보다는 삶에 더 깊이

속해 있어야 하는 존재였기 때문이다. 이 구절을 읽으며 나는 가슴이 먹먹했다. 내 안에 모성 본능이 있다는 것을 알았다. 어머니를 여의었지만 어머니는 내 안에 있다. 나는 집안의 맏이였다. 열세 살 무렵까지 나는 형제자매들에게 아버지이자 어머니였다. 어머니가 돌아가셨을 때 여동생은 겨우 5개월이었다. 일 년 반 동안 내가 키웠고, 오빠이면서도 엄마처럼 되기 위해 노력했다.

아이들을 돌보는 것은 세상에서 가장 아름다운 일이다. 흘러가는 매 순간에 아이들 영혼의 꽃이 피어날 수 있는 까닭이다. 아이들 곁에서 생기를 북돋우는, 아이들을 향한 내 사랑은 깊어가기만 한다. 사실 나는 그들의 허기짐을 사랑한다….

거리에서 쏟아내는 온갖 선전과 간청을 다 들어주려면, 아마 가게들을 전전하며 평생을 보내야 할 것이다. 나는 나를 둘러싼 가게들과 휘황찬란한 간판을 바라보고, 구두 수선가게에 낡은 구두를 찾으러 갔다가 그 참에 옆 가게에서 새 구두 한 켤레를 고르는 상상을 즐긴다. 지나는 길에 멈춰 서서 파니니(빵 사이에 고기나 치즈, 햄, 샐러드 등을 넣은 일종의 샌드위치)를 먹을 수도 있다. 가게를 나오다가 바로 옆 여행사에 들러 비행기 표를 산 다음 잡화점에 들러 망치도 산다. 망치는 늘 쓸모가 있다. 그리고 마지막으로 저물어가는 하루를 위해 저녁거리로 피자를 살 수도 있을 것이다.

이 현실, 이 상상이 바로 내가 지평선이 텅 빈(늘 비어 있되 아무도 벗어날 수 없는 필수불가결한 것으로 가득한) 사막을 떠나오자마자 맞닥뜨린 것이다. 그럼에도 불구하고 나는 때때로 영혼이 소진되기도 하는 그 소비적인 삶에 미소 짓게 된다. 하지만 널려 있는 음식을 볼 때면, 사막에서 먹고 마시기 위해 벌이는 우리의 싸움이 종종 떠오른다. 생존을 위해서.

어머니가 당나귀 한 마리만 데리고서 물을 찾으러 가라고 내게 부탁하던 그날이 떠오른다. 내 나이 여덟 살 즈음이었다. 어머니는 나귀 등에 가죽 포대를 싣고는 나를 포옹하며 말했다.

"이제 가거라."

나는 잔뜩 겁먹은 채 새로운 고독 앞에 머뭇거리며 두 시간을 걸어갔다. 혼자 떠난 적이 없는 까닭에 그런 침묵은 경험하지 못한 터였다. 사막과의 대면이 두려웠지만 행복하기도 했다. 나는 인간으로서의 첫 발자국을 남겼다. 나는 자유를 향해 걷고 있었다. 물이 있는 곳을 안다는 것은 사막에 사로잡히지 않고 살아남는 방법을 아는 것이기 때문이다. 작은 연못을 찾아내어 으쓱해진 나는 몸을 씻고, 가죽 포대를 물로 가득 채우고는 되돌아가는 길로 접어들었다. 부모님에게 돌아가, 내가 그곳에 도착했었다는 것을 보여 줄 수 있을까 조바심치며.

나귀를 타고 빠른 걸음으로 가다가 어느 바위 옆을 지나게 되었다. 그때 그 바위에서 나와 내 당나귀와 같은 속도로 걷고 있는 여우 한 마리를 보았다. 여우는 한참을 걷더니 내게로 다가왔다. 나는 설렘과 두려움 사이에서 머뭇거렸다. 내가 두려움에 사로잡힌 순간, 여우가 더 가까이 다가왔다. 내가 때릴 기세로 막대기를 집어 드는데, 여우가 내 발을 핥았다. 몸서리가 쳐졌다. 갑작스러운 애정 표시에 어떤 반응을 보여야 할지 알지 못했다. 여우란 놈들은 언제나 우리 가족의 적이었다. 가축에게 위협적인 존재였으니까 말이다. 그런데 녀석이 내 발을 핥은 것이다. 여우는 야생동물이고, 내 발을 먹어 치울 수도 있었다. 하지만 나는 꼼짝도 하지 않고 여우가 하는 대로 내버려두었다. 마침내 나는 굳게 마음먹고는 막대기를 아주 조심스럽게 들어 올리고 큰 소리를 지르며 여우의 머리를 내리쳤다. 여우가 뛰어 달아났다.

마음이 차분해진 나는 할아버지의 가르침을 떠올리면서 길을 계속 갔다. 할아버지가 말씀하시길, 야생동물과 마주치면 아무 반응도 보이지 말고 동물이 사나워지지 않도록 평온하게 대해야 한다고 했다. 사실 여우는 날 친구로 알고 다가온 것이었는데, 내가 녀석을 쫓아 버린 터였다. 아직 어린 나였지만 나의 잔인함을 깨닫자 눈물이 핑 돌았다. 여우가 나를 문다면 왜 물 것인지는 생각해 보지 못했다. 여우를 때리는 게 아니었다. 너무 후회스러운 나머지, 혼자서 물을 갖고 돌아간다는 자랑스러움 따위는 잊어버렸다. 위험과 맞닥뜨린 것은 그때가 처음이었다. 사실은 선물이 될 수도 있었던 위험. 여우를 길들일 수도 있는 기회였는데!

며칠 뒤, 나는 한 번 더 염소 떼를 몰고 물가로 갔다. 이제는 자신감에 차 있던 터라 물가에서 늑장을 부렸고, 이내 밤이 되었다. 여우를 만났던 바위에 이르렀을 때, 나는 여우 여섯 마리에게 둘러싸였다. 겁에 질린 내 염소들이 서로 몸을 바싹 붙였다. 상처 입은 여우가 복수하는 거라고 생각하며 나는 염소들 곁에 머물러 있었다. 여우들이 울부짖었다. 온몸이 굳어 버린 나는 염소들을 어떻게 구해야 좋을지 몰랐다. 하지만 잠시 후 나는 염소들만 있는 게 아니라는 것을, 한순간에 어른이 되어 버린 내가 염소들을 지키고 있다는 것을 보여 주기 위해 여우들 앞으로 나섰다. 내 본능에만 귀를 기울인 채 달려가면서 소리치기 시작했다. 염소들이 내 뒤를 따랐고, 여우들은 달아났다. 여덟 살 어린 소년인 내가 기어코 여우들에게 겁을 준 것이다! 어른이 되기 위한 나이란 없다.

사막에서의 우리 삶은 결코 단조롭지 않다. 아주 사소한 능력도 획득의 대상이 되기 때문이다.

아마두 함파테 바의 다음 글은 내 평생의 기억에 새겨져 있다.

당신에게 조언 한 가지를 하라고 하면 이렇게 말하겠다. "마음을 열라! 무엇보다 카멜레온의 학교에 가라! 카멜레온은 가장 위대한 스승이다. 보면 알게 될 것이다…. 카멜레온이란 무엇인가?

우선 카멜레온은 방향을 잡으면 결코 고개를 돌리지 않는다. 그러므로 당신 삶에 정확한 목표가 생기면, 그 무엇 때문에도 목표에서 벗어나지 않도록 하라.

그렇다면 카멜레온은 무엇을 하는가? 카멜레온은 고개를 돌리지 않는 대신 눈을 돌린다. 카멜레온을 보면 알 것이다. 한쪽 눈만도 돌아간다는 것을. 카멜레온은 위를 보고 아래를 본다. 말인즉, 제대로 보라는 것이다. 당신이 지상의 유일한 존재라고 생각지 마라. 당신 주위엔 온갖 환경이 있으니!

카멜레온은 한곳에 이르면 보호색을 띤다. 그것은 위선이 아니다. 우선은 톨레랑스이고, 그 다음은 처세술이다. 서로 부딪치는 것으로는 아무것도 해결되지 않는다. 싸움으로는 결코 아무것도 이루지 못한다. 그러므로 서로 간의 이해는 큰 의무다. 언제나 이웃을 이해하려고 노력해야 한다. 우리가 존재한다면 이웃 역시 존재한다는 것을 인정해야 한다.

카멜레온은 무엇을 하는가? 카멜레온은 한쪽 발을 들어 몸을 흔든다. 이미 내디딘 두 발이 틀어박히지 않는지 알기 위해. 그러고 난 뒤에야 나머지 두 발을 내려놓는다. 또다시 몸을 흔들고… 들어 올리고… 그것이 일명 행보의 신중함이다!

카멜레온의 꼬리는 손처럼 물체를 잡을 수 있다. 카멜레온은 꼬리로 매달린다. 그렇다고 꼬리로 이동하지는 않는다…. 앞이 무너졌을 때 매달려 있기 위해 매달리는 것이다. 그것이 일명 뒤의 확보다…. 부주의해서는 안 된다!

먹잇감을 보면 카멜레온은 어떻게 하는가? 곧장 덮치지 않고 혀부터 내민다. 먹잇감을 찾아 나서는 것은 카멜레온의 혀다. 고요하고 재빠르게 혀부터 내민 뒤 그 혀가 먹이를 가져올 수 있을 때, 비로소 조용히 낚아채 오는 것이다! 먹잇감이 아닐 경우, 카멜레온은 언제든 다시 혀를 되찾아 온다. 카멜레온은 자신이 해를 입지 않는 지혜를 가지고 있는 것이다….
　그러므로 당신이 하는 모든 일에 조용히 매진하라!
　지속적인 일을 하고자 한다면 인내심을 가져라, 선해져라, 어울리기 좋은 사람이 되어라, 인간적인 사람이 되어라!"

내게 삶의 교훈을 준 스승을 들라 하면, 어머니와, 외할아버지, 그리고 사막을 말하겠다. 인생에서 필요한 거의 모든 것들을 그들에게서 배웠다고 해도 과언이 아니다. 사막은 위대한 스승이다. 사막뿐만이 아니라 자연이 곧 위대한 스승이다. 사막에서 살며 나는 인내하는 법과 사랑을 배웠다. 신에 대한 믿음도 그 안에서 키워 나갔다. 그러나 사막이 가르쳐 주는 것들을 이해하려면 귀가 아닌 마음으로 들어야 한다. 사막은 무無, 침묵, 영혼의 깊이를 배울 수 있는 좋은 스승이다. 사막에서라면 사람들은 누구든 자신의 영혼을 들여다볼 수 있을 것이다.

테제베와 단봉낙타

내가 프랑스에 도착한 날, 아무도 나를 마중 나오지 않았다. 나로서는 완전히 속수무책이었다.
단 한 가지 해결책은 나를 둘러싼 새로운 세계를 탐험하면서 마음이 차분해지기를 기다리는 것이라고 생각했다. 당시 공항은 비지 피라트(프랑스 반테러 치안 시스템) 계획 때문에 경찰들로 북적거렸다. 그런 분위기가 불편했다. 경찰을 볼 때마다 내가 뭔가 비난받을 짓이라도 한 것일까 하는 생각이 들었다. 대기실을 떠나고 싶었다. 그래서 문 쪽으로 다가갔다. 그런데 그 문이 저절로 열렸다. 나는 뒤로 펄쩍 뛰어 물러났다. 함정이라는 생각이 들었다. 나는 내가 다른 이들의 눈에 띄는 것이 두려웠다. 맞은편의 경찰관 한 명이 나를 보고 있었기에, 가진 용기를 다 발휘해 다시 한번 시도를 해 보았다. 그런데 문이 저절로 열리다니! 어떻게 그게 아무렇지 않은 일일 수 있을까? 마침내 나는 두려움에 떨며 그 문을 넘어섰다.

 그러고 나니 커다란 나무판에 그림들이 움직이는 게 보였다. 나는 어떻게 할까 결심하기 전에 텔레비전이나 봐야겠다고 마음먹었다. 화면이 그렇게나 큰 것에 흐뭇해하며. 그런데 한동안 보고 나자, 똑같은 그림이 말소리도 없이 차례로 나타나는 것을 계속 본다는 게 불안했다. 소리를 내는 기계가 망가진 것이 아닐까 생각했다. 싫증이 난 나는 한 시간째 광고판을 보고 있었다는 것을 마침내 깨달았다! 문득 새로운 세상의 장난감이 된 기분이었다.

 서양에서는 문이 자동으로 열리는 게 당연한 일이라는 것을 깨닫기까지 시간이 걸렸다. 어느 날 밤, 길을 걷다가 한 가게 앞을 지나게 되었다. 불이 켜지고, 유리문 하나가 저절로 열렸다. 두려움에 몸서리가 쳐졌다. 누가 그 문을 여는 것을 보지 못했기 때문이다. 조금 물러서자 불이 꺼지고 문도 닫혔다. 다시 그 가게 문 앞을 지나치자 똑같은 일이 벌어졌다. 질겁한 나는 그것들이 내게 뭘 원하는 것일까 궁금했다. 한참 동안 그 마법의 문 앞을 오락가락했다. 그리고 마침내 깨달았다. 그것이 서양인의 광기라는 것을. 문을 여는 데 손은 더 이상 필요 없고 그림자만으로 충분하다니! 그 모든 것이 손님의 수고를 최대한 덜어 주기 위한 것이다. 최소한의 수고를 덜어 줌으로써 유혹하는 것이다. 그 문 앞으로 로봇이 지나갔어도 문은 열렸을 것이다. 우리 몸을 가지고 도대체 뭘 하는 것일까?

"그냥 지하철만 타면 돼요."

그냥이라…, 나는 짐짓 자신 있는 척하며 프런트의 여자에게 미소를 지어 보였다. 파리에 막 도착해 평생 처음으로 호텔에서 밤을 보낸 뒤, 이 신화적인 도시를 탐험하기로 작정한 참이었다. 동서남북이 머릿속에 새겨져 있으니 길을 잃을 리 없다고 확신했다. 도시의 밀림을 과소평가한 것이다. 노란색 '엠(M)' 표시가 지하철역을 가리키는 것이라고 사람들이 일러 주었다. 어느 벽 정면에 그 표시가 그려져 있기에 그리로 들어갔는데 스낵바가 나왔다. 왜 그곳에 있게 된 것인지 도무지 이해가 되지 않았다. 행인에게 내가 지하철역을 옳게 찾아온 것인지 묻자 그가 말했다.

"여긴 맥도날드인데요."

'엠'을 헷갈린 것이다!

드디어 제대로 된 입구를 찾았다. 창구에서 표를 샀다. 거기까지는 아무 문제 없었고, 나는 의기양양했다. 표를 기계에 통과시키고 사람들을 따라갔다. 계속 자신만만해하며 첫 번째로 온 열차에 올라탔다. 사람들 모두가 나와 목적지가 같을 거라고 믿었다. 열차 안에 적힌 지명들을 보았다. 나의 목적지는 어디에도 적혀 있지 않았다. 그래서 옆에 앉은 사람에게 물었더니, 노트르담에 가려면 생 미셸에서 갈아타야 한단다. 별 불안감 없이 나는 생 미셸에서 내렸다. 그런데 그곳에서 일이 꼬여 버렸다. 너무 북새통이어서 미처 깨닫지 못했는데, 나는 생 미셸이 아닌 파리 교외의 쥐비시쉬르오르주에 있었던 것이다. 단지 두 정거장을 왔을 뿐인데. 내 여정이 길고도 험난하다는 사실에 놀라며 옆 사람을 돌아보았다.

"노트르담이 아직 멀었나요?"

"젊은이는 어디 오지에서라도 왔나?"

"사하라 사막에 있는 말리 북부에서요. 지하철도, 수도권 고속국철도 없는 곳이랍니다. 우리는 별과 태양, 달, 모래 언덕의 위치를 보고, 표지판이 아니라 은하수만을 보고 방향을 잡지요."

"그런데 완전히 방향 감각을 잃은 모양이로군! 청년, 구름에서 내려오게나! 여긴 프랑스라네. 표지판과 화살표의 뜻을 읽을 줄 알아야지. 그곳에 가고 싶다면 교통 표지의 색깔이며 금지와 허가 표지를 배워야 하네. 여기선 별을 거의 볼 수가 없다네. 특히 파리에서는 말일세. 이따금은 햇볕이라도 조금 쪼이고 싶은데, 참 드문 일이지. 밤에는 달도 보이지 않아. 가족이 즐거운 시간을 보내는 데는 텔레비전이 있지."

나중에 그 사람이 얼마나 과장했는지 알게 되었다. 프랑스 사람들이 고개를 들어 하늘을 보는 것을 나는 자주 목격했다. 하늘을 보는 사람들을 만나면 어떻게 둘러대려고…. 그는 내가 어느 방향으로 가야 할지 종이에 그려 주었다. 그렇게 해서 나는 파리의 완벽한 삶 아래쪽에는 끊임없이 오가는 사람들로 북적거리는 또 다른 세계가 있다는 사실을 알게 되었다.

결국 노트르담까지 가는 데 두 시간 반이 걸렸다. 노트르담 성당을 본 것은 거미줄 같은 도시 한복판에서 내가 거둔 첫 승리였다. 자연 없이 사는 법을 내가 얼마나 배워야 하는지 깨달았다. 이제는 하늘 지도가 아니라 인간들이 그린 지도를 읽는 법을 배워야 했다.

나는 또 엘리베이터 안에서 끔찍한 시간을 경험했다.

프랑스에 온 지 몇 주 지나지 않았을 때였다. 어느 대기업에서 약속이 있었다. 안내 데스크에서 '뉴욕' 엘리베이터가 아니라 '도쿄' 엘리베이터를 타라고 내게 일러 주었다. 각각의 층이 그 자체로 하나의 나라였다. 엘리베이터 앞에 이르자 두 개의 화살표가 있었다. 하나는 위쪽을, 다른 하나는 아래쪽을 가리키고 있었다. 나는 어찌할 바를 전혀 몰랐다! 이 화살표는 무엇과 관련된 것일까? 엘리베이터일까, 나일까? 내가 타고 올라가려면 엘리베이터는 내려와야 했고, 내가 내려가려면 엘리베이터는 올라와야 했다. 생각이 뒤죽박죽되었다. 버튼이 있고, 너무 깨끗해서 영혼 없이 싸늘하게 느껴지는 벽들이 있는 비인간적인 건물이 끝내는 증오스러웠다.

이윽고 나는 화살표 두 개를 모두 눌렀다. 마침내 엘리베이터가 도착했다. 나는 안으로 들어갔고, 10층에 가려면 배지를 내보여야 했다. 어디다 내 배지를 내보여야 하는지 찾고 있는데 엘리베이터가 내려갔다. 나는 올라가고 싶었다. 아래층에서 문이 열렸다. 아무도 보이지 않았다. 문이 다시 닫혔다. 그러고는 내가 있던 층으로 되돌아갔다. 가슴이 답답하고 의기소침해진 채로 엘리베이터에서 내렸다. 안내 데스크의 여자한테 가서 물었다.

"죄송하지만 부인, 저 엘리베이터는 내려가기만 하는데, 올라가는 걸 타려면 어디로 가야 하죠?"

여자가 웃음을 터뜨렸다.

"저를 놀리시는 건가요?"

"절대로 아닙니다."

너무도 비자연적인 저 규칙들을 어떻게 이해하겠는가? 여자가 말했다.

"아주 간단해요. 돌아가서 당신 배지를 제시하고 10층 버튼을 누르세요."

내가 조금 전에 한 대로였다. 나는 미심쩍은 마음으로 미소를 지었다. 내게는 너무 복잡하게 여겨지는 그런 명료함 앞에 조금은 바보가 된 기분이었다. 다시 용기를 내어 엘리베이터로 돌아갔다. 10번에 내 배지를 보여 주고는 버튼을 눌렀다. 문이 닫혔다. 엘리베이터는 꼼짝도 하지 않았다. 나는 땀을 흘리며 기다렸다. 시간이 멈추고, 내 심장도 멈춘 듯했다. 내게는 한 시간처럼 여겨지는 일 분이 지나자 마침내 한 남자가 들어왔다. 그는 나의 혼란을 알아차렸다.

"몇 층에 가시죠?"

구세주였다. 드디어 10층에 도착했다. 약속 장소에 이십 분이나 늦었다. 어째서 현대성은 인간 존재를 그렇게까지 로봇으로 만들어야 하는 걸까?

어떤 우연으로 파리에서의 내 첫걸음이 라데팡스(미래 도시의 표본이랄 수 있는 프랑스의 신도시)로 이끌렸는지 모르겠다. 나는 완전히 아연실색했다. 얼어붙은 채로, 으리으리한 건물들과 자연이라곤 없는 거리들, 영혼 없는 관료 도시를 바라보았다. 대지의 망각, 물질의 왕국. 나는 끊임없이 되뇌었다.

'무슨 일이 일어난 걸까?'

건물들이 얼마나 드높은지, 위에서 잡아당기는 끈이 있는 게 아닐까 싶어 하늘을 훑어보았다. 모든 것이 내겐 비인간적으로 보였다. 그 벽들 뒤에 진실하고 깊고 소박한 것이 있을 수 있을까? 프랑스에서 육 년을 지내고 있지만, 자연도 영혼도 없이 있는 힘껏 자신을 방어하는 그 '데팡스'(프랑스어로 '방어, 방어물'이라는 뜻)에는 절대로 다시 가지 않았다.

왜 서구인들은 그들이 경험하는 것 안에 자신들의 가슴을 두지 않는지 이해가 되지 않는다. 끔찍한 라데팡스를 발견하고 난 뒤 지하철을 탔다. 열차 안에 있는데, 한 남자가 멋진 인형극을 펼치고 있었다. 어린 시절로 돌아간 기분이었다. 나는 웃고, 꿈꾸었다. 나는 더 이상 지하철역에 있지 않았다. 도시와 외로움을 잊었다. 우리에게 밀려드는, 상상하지 못한 꿈같은 광경만이 중요했다. 그런데 돈을 주는 게 내키지 않아서인지, 어느 누구도 인형들을 쳐다보려 하지 않았다. 몇몇 얼굴을 제외하고는 하나같이들 신문 뒤에 숨어 있었다. 일상의 현실에 빠져서 조금도 벗어나지 못한 채. 숙여진 머리들도 팔짝팔짝 뛰고 연기하고 웃는 인형들을 절망시키지는 못했다. 인형들은 무관심보다 더 강했다.

나는 그 남자에게 내가 가진 것을 모두 주었다. 하지만 그가 준, 꿈이라는 깜짝 선물은 값을 매길 수 없는 것이었다.

처음 슈퍼마켓에 대한 얘기를 들었을 때, 탐험해 볼 만한 곳이라는 생각이 들었다. 가오나 통북투에서 가끔 보았던 것처럼 큰 시장일 거라고 짐작했다. 땅바닥에 앉은 여자들과 그들의 아이들, 그 앞에 널린 야채며 화장품, 그 옆의 커다란 고깃덩어리들, 여남은 마리씩 모여 있는 염소들과, 염소를 사기 전에 꼼꼼히 고르는 남자들…. 그런데 프랑스의 슈퍼마켓에 있는 고기는 배 모양의 플라스틱 용기에 아주 가지런히 담겨 있었다. 생명 없는 어떤 붉은 색 고깃덩이가 몇 미터에 걸쳐 진열되어 있었다. 야채들 위로 아낙네의 얼굴은 없었다. 가격표와 저울뿐. 용도를 알 수 없는 먹을거리들의 통로.

나는 천국과 지옥 사이에서 머뭇거렸다. 먹을거리로 가득 찬 카트들이 내 주위에서 돌고 있었다. 나는 한참 동안 물병들 앞에 머물러 있었다. 여러 가지 상표를 달고 있는 물들 중에서 선택을 한다는 것은 상상도 못한 일이었다. 물맛이 제각각일 것 같았다. 같은 저수지의 물을 낙타도 마시고 나도 늘 마셨던 것을 떠올리며 미소 지었다. 그 물은 생명과 직결된 것이었으므로 당연히 마실 수 있는 물이었다.

나는 쌀 통조림을 샀다. 슈퍼마켓은 꼭 인생 통조림처럼 보였다. 사람들의 먹을거리로 살점을 내주는 동물도 보이지 않고, 야채를 수확한 여인네의 얼굴도 보이지 않았다. 먹을거리에 얽힌 사연은 더 이상 없었다.

기차를 타고 싶었다. 그토록 평범한 계획이 간담을 서늘케 하는 경험이 되리라고는 예상도 못했다.

우선은 고속 전철 테제베의 편안함과 화려함에 놀랐다. 좌석들은 내가 늘 이용하던 미니 시외버스의 푹 꺼진 의자와는 너무도 달랐다! 열차가 움직이자, 다른 별에 있거나 깊은 잠에 빠져 꿈속을 헤매는 느낌이었다. 엄청난 속도 때문에 눈앞에 어떤 풍경도 보이지 않았다. 현기증이 일고 심장은 더 세게 고동쳤다. 시간을 관통하는 기분이었다. 시간이 더 이상 거리를 감지하지 못하는 듯했다. 내 낙타들과, 사막의 침묵 한가운데에서 누리는 낙타들의 평화롭고 느긋한 리듬으로부터 나는 너무도 멀리 떨어져 있었다! 그 지옥 열차 승객들의 조용하고도 태연한 모습이 놀라웠다. 자신들이 겪고 있는 예외를 그들은 알고 있을까?

이러한 시련과 놀라움에 방황이 더해졌다. 역에 도착했을 때, 그 거대한 푸른색 짐승의 머리가 어디고 꼬리가 어딘지 통 구별이 되지 않았다. 어디로 가야 하는지 알려 달라고 누군가에게 내 표를 보여 주자, 그가 "꼬리 앞으로 가세요"라고 대답했다. 나는 어찌할 바를 몰랐다. 그게 무슨 말이지? 열차 앞으로 가라는 걸까, 끝으로 가라는 걸까? 내가 보고 있는 첫 번째 차량은 머리일까, 꼬리일까? 나는 아무 칸에나 올라타고는, 바마코로 가는 버스에서 그랬던 것처럼 맨 처음 눈에 띄는 빈자리에 앉았다. 내가 앉은 자리의 주인이 나타날 때마다, 나는 자리를 옮겨 다녀야 했다. 여정 초반에는 의자가 레일 위를 달리는 열차 소리에 맞춰 덜컹거렸다. 시속 300킬로미터의 총알 기차 안에 유목민으로 남아 있다는 생각에 미소가 지어졌다. 표에 적힌 번호가 좌석번호라는 것을 나는 그제야 깨달았다.

처음의 두려움이 지나가자, 머나먼 거리를 그토록 쉽게 주파한다는 크나큰 행복감이 밀려들었다. 유목민에게는 이루 헤아릴 수 없는 행운이었다. 세상이 열린 것이다! 나는 테제베의 가장 열렬한 찬미자가 되었다. 그래서 글짓기 대회 참가차, 내가 전에 아버지에게 썼던 편지를 테제베 회사에 보냈다.

아버지,

지금 제가 느끼는 감정과 기분을 아버지께 이야기해 드릴게요. 테제베 이야기예요. 테제베는 제가 공부하는 몽펠리에를 출발해서, 제가 도서관에서 투아레그족의 이야기와 전설에 대해 강의하는 파리로 가는 열차예요. 무척 빠르고 안락한 파란색(아버지가 좋아하시는 색이죠.) 기차이지요. 아버지의 커다란 흰색 단봉낙타보다 천 배는 빠르고, 백 마리 낙타가 늘어선 카라반만큼이나 길답니다. 800킬로미터쯤 되는 프랑스 남부에서 북부까지를 네 시간도 안 되어 가로지릅니다! 통북투에서 타만라세트(알제리의 남부 도시)까지의 거리이지요.

창밖의 모든 것이 어마어마한 속도로 펼쳐집니다. 소와 양이 분간이 가지 않을 때도 많아요. 그런데 아버지, 이곳 양들은 아버지의 양들과는 달라요. 프랑스 양들은 뚱뚱하고 털이 많지만, 우리 고장의 양들처럼 자유롭지는 못해요. 여기 짐승들은 배불리 먹을 수 있지요. 온통 푸른색 광경이에요. 들판은 아주 멋진 기하학적인 모양이고요. 아버지의 안장 깔개와 조금 비슷하죠. 날씨는 여정을 따라 수시로 변합니다. 출발할 때는 햇볕이 내리쬐더니, 중간쯤에는 비가 내리고, 다 도착해서는 싸늘했거든요.

열차 안에는 뒤로 젖혀지는 커다란 안락의자가 있고 책상이나 식탁으로 쓸 수 있는 선반이 달려 있어 편안함 그 자체예요. 승객들은 나란히 앉아 있으면서도 서로 얘기를 많이 나누지 않아요. 저는 그러고 싶은데 말이죠. 저마다 읽을거리나 할 일이 있지요. 유감스러운 일이에요. 그런데 오늘날의 서구 세계는 우리를 조금은 본받아야 할 듯싶습니다. 이곳에서는 '시간 여유가 없어 급히 가는' 경우를 제외하고는 각자가 나름의 테제베랍니다. 그들은 자연의 아름다움을 보지 못하고, 중요한 것을 스쳐 보냅니다.

아버지, 아버지도 아시다시피 이곳이 화려하고 편안하기는 하지만, 아버지와 같이 저도 공기처럼 자유로운 낙타와 염소, 양 들과 함께 유목민으로 살고 싶어요. 사하라의 움직이는 모래 언덕 위 제비처럼 제게 좋은 곳으로 가고 싶어요. 그래도 역시, 테제베의 환상적인 마법은 저를 비길 데 없는 유목민으로 남을 수 있게 해 줍니다. 아버지께 입맞춤을 보냅니다. 천막에서 곧 만나 뵐 수 있기를 바랍니다.

나는 글짓기 대회에서 입상했고, 내 편지는 〈테제베 매거진〉에 이어 〈철도 생활〉에도 실렸다. 덕분에 테제베와 탈리스(파리와 브뤼

셀, 암스테르담, 쾰른을 운행하는 국제 고속열차), 유로스타(도버터널을 통해 런던과 파리, 브뤼셀을 연결하는 국제 특급열차)의 일등석을 두 사람이 무료로 1만 5,000킬로미터나 이용할 수 있는 행운을 얻게 되었다. 더없는 행운이었다! 나는 두 달 동안 일곱 개 나라를 여행했다.

　현대문명을 상징하는 것 중 하나는 속도다. 속도는 현대인의 삶을 평가하는 기준이 된다. 테제베는 한 시간에 몇 킬로미터를 돌파하는가로 속도가 측정되지만, 낙타와 함께 이동하는 우리에게 시간은 다른 방식으로 측정된다. 그것은 한 걸음 한 걸음 앞으로 나아가는 낙타의 리듬이다. 낙타가 한 걸음씩 앞으로 나아가는 만큼 우리도 앞으로 나아간다. 투아레그인들의 오랜 이야기 중에 모두가 자기 그림자 안에 존재한다는 말이 있다. 자기 자신과 더불어 시간을 뚫고 돌파하는 것이 아니라 그 안에서 조금씩 조금씩 진화하고 성장한다는 말이다.

나는 언제나 낙타 등이나 자전거, 자동차나 버스를 타고 여행했다. 프랑스에서 비행기, 기차, 마력 좋은 자동차를 발견했다. 통행의 거리란 더 이상 존재하지 않았다. 나는 그 나라를 마음껏 가로지를 수 있었다. 유목민에게, 이러한 최고 기동성의 발견은 엄청난 경험이다. 킬로미터가 더 이상 시간이나 날이 아니라, 분으로 계산되리라는 사실을 믿을 수나 있었겠는가! 어디든 목적지가 될 수 있고, 아무리 먼 나라도 가 닿을 수 있고, 현실의 경계와 더 이상 충돌하지 않는다. 그렇기는 하지만 사람들은 이제 킬로미터를 음미하지 못한다. 킬로미터는 사라지고 있다. 킬로미터는 더 이상 공간을 상대로 인간의 몸이 거둔 승리가 아니다.

우리 고장에서는 우리네 두 다리로 거리를 느낀다. 이곳에서는 차표 값으로 거리를 느낀다.

정착민들의 나라에서 떠돌이 삶을 가장 쉬운 방법으로 경험해 볼 수 있다니 실로 놀라운 일이다. 아마도 부동의 삶 속에서 사람들이 육체적 욕망에 가까운 일탈의 욕구를 느끼기 때문일 것이다.

우리에게도 사람과 사람 사이의 거리는 존재한다. 개인은 어디까지나 독립적인 존재이기 때문이다. 하지만 그 거리가 이곳처럼 그렇게 멀지는 않다. 개인의 자유와 가치를 해치지 않는 범위 안에서 우리는 늘 함께 생활하고 함께 삶을 나눈다.

예전에는 사막에도 비가 내렸다. 그러나 이제는 더 이상 비가 내리지 않는다. 온난화로 사막의 기후는 점점 더 뜨거워졌고 1963년부터 시작된 가뭄은 1973년을 정점으로 계속되고 있다. 1984년부터 짐승들이 죽어가기 시작했다. 이동에 필수인 낙타마저 사라지고 나면 우리는 아무것도 할 수 없다.

환경오염은 자연을 소유물로 보는 시각과 소비문화가 부추긴 낭비벽으로부터 생겨난 것이다. 대지는, 꽃과 나무와 동물은 우리 인간의 소유물이 아니다. 인간은 어미의 젖을 빠는 새끼 양들과 같다. 대지가 병들면 그 젖을 먹고 생명을 얻는 우리 또한 병든다.

프랑스에 처음 왔을 때, 물은 말할 것도 없거니와 어디서든 넘쳐나는 음식들을 보고 깜짝 놀랐다. 먹다 남겨 버려지는 음식들은 또 얼마나 많은가? 처음 프랑스 식당에 갔을 때 잔뜩 주눅이 들었던 기억이 있다. 한 여자에게 저녁 초대를 받았다. 여러 개의 식기와 두 개의 잔이 차려진 식탁과 웨이터의 질문 앞에서는 짐짓 편안한 척했지만, 웨이터가 내민 메뉴판 앞에서는 완전히 침착성을 잃고 말았다. 그 모든 요리 중에서 내가 아는 것은 아무것도 없다고, 나는 주는 것을 먹을 줄만 알지 고를 줄은 모른다고 그 여자에게 어떻게 말하겠는가?

나는 '쌀'이라는 말을 찾아보았다. 적어도 그 뜻은 확실했으니까. 메뉴판에는 사람을 어리둥절하게 하면서도 매혹시키는 맛의 세계가 담겨 있는 듯했다. 정말이지 내겐 선택의 기회가 전혀 없었다. 삶이 주는 것을 취하기만 했을 뿐. 사막에서 선택의 가능성이란 선물과도 같다. 우리는 필요성에 이끌리기 때문이다.

그날 밤 나는 결국 당혹스러움을 털어놓았고, 그렇게 해서 그때껏 알지 못했던 맛들을 발견하게 되었다. 프랑스에서 몇 달을 지낸 뒤에 나는 선택의 어려움을 알게 되었다. 또한 선택이란 것이 어느 정도의 자기 발견이며, 자기만의 취향을 통한 자기 깨달음이자 자기 인정이라는 것도 깨우쳤다. 그런데 늘 놀라운 것은, 엄청난 선택의 기회와 능력이 있음에도 불구하고 프랑스인들이 끊임없이 만족하지 못한다는 사실이다.

왜 자기가 가진 것에 결코 만족하지 못하는 것일까? 왜 늘 자신을 비교하는 것일까?

배고픔의 불안을 경험한 우리에게, 서구인들의 식습관은 거부감을 불러일으킨다. 내가 프랑스에 도착하자마자, 친구인 베르나르와 모니크가 루아양에서 가까운 탈몽의 그들 집에서 내게 식사를 대접해 주었다. 그날 쓰레기통에 들어간 하나하나의 음식에 몸서리가 쳐진다고 그들에게 말할 수는 없었다.

어떻게 음식을 버릴 수 있을까? 어떻게 음식 찌꺼기 하나라도 귀한 것이라는 걸 깨닫지 못할까? 배고픔과 목마름을 겪어 본 사람이라면 생명을 주는 것의 성스러움과 소중함을 자기 안에 간직하고 있다. 매일같이 버려지는 수백 킬로그램의 음식물이라면 몇 개의 마을 전체를 먹여 살릴 수 있을 것이다. 왜 먹을 만큼의 양을 정하지 않는 것일까? 언제나 더 원하니, 그만큼만 적게 주면 될 것을.

생각건대, 넘쳐 나는 음식은 결핍에 대한 끔찍한 두려움의 표시다. 하지만 사막에서는 내일 먹을 수 있다는 확신이 없어도 겁내지 않고 믿는다. 그리고 방법을 찾게 된다. 우리는 아무리 궁색해도, 이름 모를 나그네에게 우리의 식사를 나누어 준다. 우리는 배고픔을 생각하지 않는다. 주어지는 대로 먹을 뿐이다.

우리 고장에서는 나이도 전혀 문제되지 않는다. 우리는 생일을 모른다. 행정 서류 때문에 처음으로 나이에 대한 질문을 받았을 때, 나는 모른다고 솔직히 털어놓았다. 담당자는 내가 말장난하는 거라고 생각했다. 하지만 나는 나이를 알아야 한다고는 전혀 생각하지 못한 터였다. 그게 무슨 소용일까? 단 한 가지 중요한 것이라면, 삶에서 우리가 성장하는 일이다. 익은 열매는 나이가 없다. 다양한 과정을 경험했을 뿐. 숫자 속에 나를 가두는 것을 보고 충격을 받았다.

나이란 아무 의미가 없는 것이기 때문이다. 우리 고장에서는 있는 그대로의 우리를 받아들인다. 프랑스에서는 나이에 따라 커플이 맺어진다. 영혼과 영혼의 만남이란 햇수에 달린 것이 아닌데 말이다.

사람들은 나이에 연연해하면서 또한 자기 나이를 부정한다. 성숙한 여자들은 늘 더 어려 보이기를 원하고, 어린 여자아이들은 어른처럼 옷을 입는다. 여자들이 젊어지기 위해 엄청난 돈을 쓴다는 것은 끔찍한 일이다. 얼굴을 변형시켜 가며 영혼을 바꾼다니. 자신들의 주름살이 얼마나 아름다운지 그들이 안다면!

나이 듦 속에서 지혜의 샘을 발견할 수 있다. 이러한 이유로 우리 고장에서 '나이 들다'라는 말은 성스럽다는 뜻에 가깝다. 나이 듦이란 젊음을 만드는 것이기에 아름답다. 그런데 많은 사람들이 시간에 맞춰 성장할 줄을 모른다. 오히려 시간을 잡아 두려고 한다. 하지만 나이 듦은 무척이나 아름다운 것이다…. 사람을 말해 주는 삶의 이야기이므로.

현대 문명이 이룬 풍요가 물질적인 면에 치중된 것은 자명한 사실이다. 하지만 절망의 바닥을 짚어본 사람만이 희망을 얘기할 수 있듯이, 이미 비대해질 대로 비대해진 자본주의 사회, 이제 더 이상 갈 곳 없는 듯 보이는 이 사회야말로 다시 새로운 눈을 뜰 수 있지 않을까. 물질적 풍요를 추구하는 쪽이 아니라 다른 길을 선택할 수 있지 않을까. 그런 의미에서 지금 상황은 어쩌면 다행인지도 모른다. 아직 선택의 기회가 남아 있기 때문이다. 또 많은 이들이 참 삶이 무엇인가에 대해 다시 생각하기 시작했기 때문이다.

내 생각에 참삶이란 복잡하고 어려운 게 아니다. 이를 누리는 방법 또한 간단하다. 매일 아침 신선한 공기를 호흡할 수 있음에 감사하는 것, 건강을 유지하는 것, 서로 배려하고 아끼는 마음을 잃지 않는 것, 자연을 존중하며 그와 함께 살아가는 것, 온전히 시간을 사는 것, 그러한 것들이 참삶을 이룬다.

자연은 이미 많이 훼손되었고, 환경오염이 심각한 문제들을 일으키고 있다. 그것은 자연을 정복의 대상으로 여긴 결과다. 자연은 인간을 살아 있게 한다. 식물들과 동물들, 물과 바람과 하늘, 땅과 인간은 모두 자연이라는 이름의 한 몸을 가진 존재들이다. 그것을 잊지 말아야 한다.

프랑스인들은 일 년 중 두 달의 바캉스 기간이 있다. 세계 어디나 주말이 있고, 주말에는 일을 하지 않고 쉰다. 그러나 우리 투아레그인들의 나날에는 주말도 바캉스도 없다. 매일 우리는 필요한 만큼의 일을 한다. 그러나 그 매일이 우리에게는 주말이고 바캉스이다. 일과 놀이가 분리되어 있지 않기 때문이다. 순간을 즐길 줄 알기 때문에 가능한 일이다. 이러한 것들을 개개인이 깨닫고 변화하기 위해 노력한다면, 참다운 삶으로 돌아가지 못할 이유가 없다. 우리 모두가 바로 그러한 참삶의 주인이고, 우리가 온 곳 또한 그곳에 다름 아니기 때문이다.

바람은 같은 노래를 부르지 않는다

　프랑스에서는 일주일에 서른다섯 시간을 일해야 한다는 것을 알았다. 그 믿어지지 않는 얘기를 들었을 때, 나는 놀라움을 금할 길이 없었다. 노동 시간의 양을 잴 수 있다는 것을 몰랐으니까. 정각 한 시에 목초지에서 짐승들을 끌어내 정각 다섯 시까지만 돌보면 되는데, 정해진 시간을 넘겨 일하게 했으니 이건 말도 안 되는 상황이라며 아버지한테 항의하는 나를 상상해 보았다! 대지의 사람들은 시간을 헤아리지 않는다. 그들은 대지가 자신을 필요로 하는 한 결코 떠나지 않을 것이다.

프랑스인들은 일하는 시간을 따질 정도로 자기가 하는 일을 싫어하는 것일까? 자기 일에 조금이라도 정성을 기울인다면 일하는 시간이 훨씬 더 가볍고 즐겁게 느껴질 거라 생각해 본다. 자기가 좋아하는 일로 먹고사는 사람이 얼마나 드문가! 우리 부족 사람들에겐 선택의 여지가 없다. 우리의 삶을 사랑해야만 한다. 우리는 불평하지 않고, 지혜와 인내를 배운다.

휴가를 떠난다는 말이 무슨 의미인지 우리는 알지 못한다. 타마셰크어(베르베르족 방언 중 하나)에는 그런 말이 존재하지 않는다. 반면 7월부터 9월까지의 우기인 아카사 동안에는 거의 일손을 놓는다. 야영지 부근에도 풀이 무성하고 물이 풍부해져 목초지를 찾아 떠날 필요가 없기 때문이다. 우리의 휴식 시간은 자연의 리듬에 따른 것이다. 강요당하는 것도 선택하는 것도 없다. 우리의 생활 방식을 주관하는 것은 계절의 순환이다.

건강한 사람들이 정기적으로 병원을 찾는 것을 알고 몹시 놀랐다. 한참 뒤에야 알게 된 일이지만, 그들을 좀먹는 보이지 않는 병을 치료하기 위해 정신과 의사를 찾아가는 것이었다. 나는 진료비가 얼마인지 알고 질겁했다. 사람들은 자기 얘기를 들어 주는 사람에게, 사막에서의 한 달 생활비보다 많은 돈을 치를 준비가 되어 있다. 자기 얘기를 털어놓는 것이 얼마나 필수불가결한 일이 되었는지 나는 그때 깨달았다. 자신에 대해 말하는 것을 당연한 일이라고 여겨 왔건만, 이곳에서는 드문 일이라는 것을 알았다. 우리 고장에서는 뭔가 괴로운 일이 있으면 장작불 가에서 밤새도록 이야기한다. 아니면 속마음을 털어놓고 싶은 사람의 천막으로 찾아간다. 우리의 고통은 결코 혼자만의 것이 아니다.

프랑스에는 많은 정신병원이 있다. 그보다 더 많은 사람들이 정신과 의사를 찾아가 저마다 안고 있는 고민들을 털어놓는다. 가족과 친구들이 없어서가 아니다. 그들 역시 가족과 절친한 친구들이 있지만 아무도 자신의 이야기를 솔직하게 털어놓으며 조언을 구하지 못한다. 아무리 멀리 떠나온 사람이라고 하더라도 돌아갈 곳은 누구에게든 있게 마련이다. 투아레그인들에게 있어 이야기를 나누는 데 돈을 지불한다는 건 상상도 할 수 없는 일이다.

사람들로 하여금 자신의 병든 영혼을 치유하기 위해 이름 모를 사람을 찾아가 돈을 지불하게 만드는 그토록 강렬한 고통이 어디서 오는 것인지 여전히 이해되지 않는다. 그 엄청난 불안감은 어디에서 비롯되는 것일까?

그럼에도 나는 마음이 놓인다. 존재 안에서 우리를 자라게 하는 말의 성스러운 힘을 그들도 이해한 것이므로.

사막에서는 자살이 일어나지 않는다. 그 땅이 이미 죽음과 함께 살고 있는 까닭이다. 사막은 인간에게 가장 적대적인 곳 중 하나다. 하루하루가 자연과의 싸움이다. 자연과의 백병전이다. 태어날 때부터 우리는 생존을 위한 투쟁을 배운다. 우리 삶의 이유는 바로 생명이다.

어느 날 한 프랑스인 친구가 내게 끔찍한 질문을 던졌다.

"내가 무슨 쓸모가 있을까?"

내 대답을 기다리지 않고 친구가 말을 이었다.

"난 삶에서 아무 가치도 없는 놈일 거야."

친구는 자신이 무능하다고 느끼고 있었다. 사막의 우리는 언제나 유능한 사람들이다. 자연을 넘어서려 하지 않고, 자연과 조화를 이루며 살기 때문이다. 오로지 가족과 동물들을 먹이기 위해 인생길을 걷는 사람이 왜 죽고 싶겠는가? 가장 위대한 힘 중 하나는 있는 그대로의 우리 자신과 조화를 이루어 사는 것이라고 생각한다. 소박하게. 정복하기 위해서가 아니라 자기 자신이 되기 위해 자신을 넘어서는 것.

투아레그족 항쟁으로 우리 고장이 고통받던 1991년 그해가 기억난다. 격렬한 총격전 소식이 들려올 때 나는 가오의 건설 현장에서 일하고 있었다. 온 나라가 새로운 비극을 예감하고 얼어붙어 있었다. 말리군에게 투아레그족 열 명이 살해당하는 일이 일어난 참이었다. 군인들이 시신을 토막 내어 들고 도시를 누빈 까닭에 우리는 곧바로 소식을 알게 되었다. 어떻게 인간이 그 지경에 이를 수 있는지 이해가 되지 않았다.

그날 내 눈은 바뀌었다. 나는 더 이상 인생의 아름다움을 믿는 순진한 소년이 아니었다. 그때부터 나의 세계상은 피로 아로새겨졌다. 나는 지금도 매일같이 그 기억을 지우기 위해 애쓴다.

아무리 외롭고 고통스러운 순간에도 나는 죽음 따윈 꿈에도 생각해 본 적이 없다. 신을, 인간을, 삶을 믿기 때문이다.

프랑스에 도착한 뒤, 나는 이웃을 알기 위해 언제나 이웃을 찾았다. 놀라며 내게 거리를 두는 그들 앞에서, 내 태도가 무례했음을 곧 깨달았다. 당신들은 무엇을 지켜야 하기에, 주위 사람들에게 감히 당신들을 열어 보이지 못하는가? 당신들의 삶이 그렇게나 비밀스러운 것인가?

나는 고집스럽게, 내가 패했다고 인정하지 않고 이웃 순례를 계속한다. 어떤 이들은 계속 문을 닫아 두지만, 어떤 이들은 박하차를 함께 나누어 마시며 문득 자신의 행복을 깨닫는다.

한 친구가 낙타 한 마리와 에펠탑을 그린 책 한 권을 내게 선물했다. 친구는 그림 아래에 이렇게 적었다.

"나에게든 너에게든 위대한 사막은 중요해."

내게 사막은 중요하고 본질적인 것이다. 그 프랑스인 친구에게 사막은 파리다. 하지만 그 사막에는 태양이 없다. 두려움 때문에 혹은 경계심 때문에 그들 사이에 빽빽이 울타리를 친 사람들 한복

판의 사막이기 때문이다. 그 모든 사람들이 나란히 걸어가면서도 서로에게 관심을 보이지 않는다. 끔찍한 일이다. 엘리베이터 안에 두 사람만 있을 때조차, 인사 한마디 떼기가 힘겨운 듯 보인다. 삶을 더 달콤하게 만들 기회를 왜 붙잡지 않는가?

도시 사람들은 걷지 않고 뛴다는 것을 알고 나는 매우 놀랐다. 친구 자크에게 그 이상한 습관에 대해 물어보았다. 자크는 사람들이 성공을 좇아 달리는 것이라고 대답했다. 그런데 어떤 성공을 말하는 것일까? 아프리카 사람들은 최소한의 생계비조차 벌지 못하지만 진심으로 즐거워한다.

그 성공이 삶의 기쁨을 해치는 것이라면 어떤 행복을 가져다줄 수 있겠는가? 인간은 소유할수록 더 많은 욕망을 품고 나날이 불만이 깊어진 나머지 불행해진다. 부유한 나라들이 그토록 음울해 보이는 이유에 대해 나는 끊임없이 생각해 본다. 자크의 말에 따르면, 인류는 더 높은 수익성을 향한 경주를 하다가 끝내 길을 잃을지도 모른다. 실제로 큰 사업가인 그의 아버지는 대지로 되돌아가 염소들과 카라반만으로 자족하는 상상을 자주 즐긴다고 한다. 확신컨대, 그는 영혼을 위장하고 있는 옷을 벗어 버리고 마침내 자유로워져 마음의 위안을 얻게 될 것이다.

현대와 문명의 특성이 숱한 사람들을 사막으로 떠나게 만드는 것은 우연이 아니다. 우리 자신과 가까워지게 하는 진보를 찾아야 한다. 아마도 그것이 유토피아일 것이다. 사람은 본질적인 것 없이는 버틸 수 없다.

우리에겐 당신들이 가진 모든 것이 다가갈 수 없는 꿈처럼 여겨지지만, 당신들이 사막에 와서 찾는 모든 것은 우리에겐 자명한 것이다. 프랑스에 와서, 수많은 사람들이 사막으로 도피하고자 하는 것을 보고 무척 놀랐다. 모든 걸 가졌다고 생각했는데, 그들은 왜 그 척박하고 적막한 땅을 찾아가는 것일까? 요즘도 숲과 바다, 강, 산, 한 나라 안에서 믿을 수 없을 만큼 다채롭게 펼쳐지는 그 풍경들을 보면, 그 초록의 장식이 어떤 유목 부족에게든 꿈일 거라는 생각이 든다. 하지만…, 인생의 한 조각 한 조각이 선물인 줄 모르는 사람보다는 매일같이 작은 풀뿌리 하나라도 찾으려는 투아레그족이 어쩌면 훨씬 더 행복할 것이다.

목마름이 일상의 고통일 때, 목마름을 찾아 떠나라. 아마도 행복은 서로 하나로 연결되어 있는 부와 가난 그 모든 곳에 있겠지만. 각각의 문명은 또 다른 대지를 향한 꿈으로 서로의 공허를 채우려는 것인지도 모른다.

사막의 투아레그족 사람들에게 사랑은 하나의 의식이다. 서로 바라보고, 모닥불 가에서 춤을 추고, 축복받는 날까지 서로를 알아가는 법을 배운다. 축복의 날, 축연에서 함께 춤을 추고 난 뒤, 우리는 아무 말 없이 나무 아래나 모래 언덕에서 다시 만난다. 오랜 기다림의 시간이 욕망을 불러일으키고 빚어낸다. 그런 까닭에 이곳 여자들의 가벼움과 자유분방함이 나로선 무척이나 놀랍다. 그들은 사랑을 만드는 게 아니라 쾌락을 주고받는다. 몸이 이야기를 나누려면 서로를 좋아하는 것으로 충분하다. 그런데 그들에겐 마음의 언어가 결핍되어 있다.

프랑스에 온 지 얼마 되지 않았을 때의 나의 첫 경험은 나를 아연실색하게 만들었다. 댄스 강사이자 리도 쇼의 무희인 이십 대의 젊은 여자를 우연히 만났다. 그녀는 자기네 집 저녁 식사에 나를 초대했다. 너무 일렀다. 그녀는 맛있는 음식을 대접해 주고는 함께 〈연인〉을 보자고 했다. 그토록 관능적인 영상은 한 번도 본 적이 없었다. 영화가 끝나자, 그녀는 음악을 틀더니 춤을 청했다. 흥분하고 잔뜩 언 채로 나는 춤을 추었다. 그녀가 나를 끌어안고 자기 방으로 이끌었다. 그녀는 아름다웠다….

하지만 내겐 온 영혼과 온몸으로 그녀를 원할 시간이 없었다. 멋진 밤을 보냈지만, 내가 그녀를 욕망할 수 있도록 시간을 주었다면 그녀가 더 매혹적으로 여겨지는 밤이 될 수도 있었을 것이다.

성행위는 남녀관계에서 일어날 수 있는 가장 내밀한 사건이다. 포옹은 무엇보다 행복에 빠진 두 존재의 결합이다. 마음을 주지 않는다면 육체의 기쁨은 근원적인 것이 될 수 없다. 육체적 쾌락은 덧없는 것이어서, 대리석 위에서처럼 마음 위로 미끄러진다. 한 여자가 내게 자기 자신을 준다면, 나는 그녀를 존중해야 한다. 성행위는 소중하고도 흔하지 않은 일로 남아야 한다. 생명을 낳는 것이기 때문이다. 그 언어에 집착하는 프랑스를 볼 때면 내가 또 다른 세계에 속한 듯 여겨진다. 나는 인간 존재의 성스러운 차원을 손상시키지 않으며 살아가고자 하는 세계를 옹호한다.

그러한 이유로 나는 영혼의 타락이라 할 수 있는, 노출증 같은 육신의 초라한 과시에 결코 익숙해지지 않을 것이다. 피갈(파리의 유명한 환락가)과 암스테르담에서 이상야릇하고 저속한 옷차림을 보고 혼란스러웠다. 성기 부위에 구멍이 뚫린 팬티라니! 그것은 더 이상 한계를 모르고 추락하는 사회를 드러내는 것이다. 그 사회는 무절제의 나락으로 떨어질 것이다. 그런 세계에서는 행위가 영혼에 미치는 결과를 잊어버리고 살아간다.

프랑스에서는 누구도 사회의 레일 밖으로 나가지 못하도록, 그 사회의 시선과 표준에서 벗어나지 못하도록 모든 것이 조직되어 있다. 거리를 걷는 일조차 제도화되어 있다.

신호등이 초록색이 되기를 기다렸다가 흰 줄이 그려진 곳으로 건너야 한다. 사회는 개인을 보호하기 위한 법칙을 만들어 내도록 요구한다. 개인이 자신을 더 이상 지킬 수 없을 만큼 약해진 것일까? 말리의 수도인 바마코엔 빨간불도, 징 박힌 횡단보도도, 안내 표지판도 거의 없다. 주위를 살피는 우리의 눈과 엄청난 웅성거림이 있을 뿐이다. 프랑스 거리에서 나는 좁은 틈에서 솟아난 작은 식물을, 콘크리트보다 더 강한 자연의 눈짓을 끊임없이 찾는다.

모든 것이 기록되고 수록되어 있는 까닭에, 이곳에서 우리가 누리는 자유는 조건부적인 것이다. 흔적을 남기지 않을 방법이 없다.

수표첩도, 신용카드도 없는 게 아니라면. 내게 자유란 어떤 시선이나 말에 구속당하지 않고 내가 바라는 대로 사는 것이다. 사막의 공간은 자취를 남기지 않는다. 바람이, 시간이 자취를 지워 버린다. 그곳에서 나는 날아가는 새처럼 자유롭다. 하지만 여기선 새장 속에 갇힌 새 같다. 사막에는 경찰이 없다. 하지만 아무것도 용서하지 않는 사막의 법칙이 있다.

우리 모두는 서로에게 책임을 느낀다. 갈등이 생기면, 우리는 서로를 존중하며 문제를 해결한다.

프랑스의 거리에서 개들, 줄에 매인 그 '사람들'과 함께 걸어가는 행인들을 관찰하는 일은 언제나 재미있다.

하루는 네 마리 개한테 한참 동안 얘기하고 있는 부인을 보았다. 바로 거기에 진정한 인간 문제가 존재한다고 생각하지 않을 수 없었다. 외로움을 달래기 위한 개들이라니! 왜 차라리 아이를 입양하지 않았을까? 그 부인에게 말을 걸어 보았더니 부인이 말하기를, 자기 개들은 가장 충실한 친구라고 했다. 그녀는 함께 있어 주는 존재를 필요로 했다. 개들 중 한 마리는 매일 밤 침대에서 함께 자기까지 한다고 했다. 그녀가 아플 때, 그 개는 그녀 몸 위에서, 그녀가 통증을 느끼는 부위에 몸을 대고 잤다. 개의 체온이 그녀를 치유해 주었다고 했다. 사람이 줄 수 있는 것을 동물에게서 찾겠다는 생각이라니.

개인주의는 인간 존재를 그러한 외로움에 빠뜨렸다. 동물에게 자기 모습을 투영하며 도움을 청하는 외로움. 부인이 내게 말했다.

"내 귀여운 푸들은 털로 둘러싸인 사랑이라우."

그녀는 자신의 큰 사랑을 찾아낸 것이다. 그녀의 가족은 어디 있을까? 아이들은? 이웃은? 그 짐승들은 어떤 끔찍한 결핍을 채워 주려고 온 것일까?

이러한 동물들의 인간화에 미소가 지어졌다. 어느 공원에서 한 젊고 예쁜 여자가 자기 개에게 입을 맞추는 것을 본 그날까지는. 내 평생 처음으로 개를 질투했다!

하루는 친구 루이가 자신의 여자 친구 장례식에 데려가 주었다. 나는 관을 따라갔다. 시신이 마지막에 이르는 곳이 상자 속일 수 있다는 생각에 겁먹은 채. 죽은 이들에겐 새로운 삶을 길어 낼 대지가 필요하다고 생각했다. 나는 기독교식 묘지에는 한 번도 들어가 본 적이 없었다. 왜 무덤들이 하나같이 장식되어 있는지 이해가 되지 않았다. 빈약한 추억에 꽃들이 살을 입히는 듯했다. 무덤에 부여하는 중요성이 나로서는 여전히 놀랍다. 주위 사람들이 고인의 혼백을 믿는 데 무덤은 도움이 되지 않기 때문이다. 고인은 죽은 게 아니라 달리 존재하는 것뿐이다. 무덤을 가꾸는 것은, 더 이상 존재하지 않는 실재적인 삶을 고인에게 다시 한 번 주려고 애쓰는 것이다. 그런데 죽음이 이제 한낱 침묵일 뿐이라면 그것은 끔찍한 일이다.

우리에게 죽음은 우리의 기억과 마음 사이에 남아 있는 영혼들이다. 우리는 죽은 이들의 무덤에는 거의 가지 않는다. 대지 전체가 우리에게 고인들에 대해 말해 주기 때문이다. 죽은 이들은 사막과 하나가 되도록 땅에 그대로 묻힌다. 대지는 우리에게 우리의 온 생명을 가져다준 뒤 어머니처럼 품으로 다시 맞아들인다.

아기들은 세상에 태어나는 순간 울음을 터뜨린다. 투아레그인들은 아기의 그 첫 울음을 삶의 모든 고통과 기쁨을 받아들이겠다는 의지의 표상으로 본다. 삶에서 일어나는 모든 일들을 통해 배울 준비가 되어 있다는 하나의 의지로 본다는 이야기다.

우리는 죽음을 삶의 끝이라고 보지 않는다. 죽음은 삶의 한 부분이다. 그것은 동전의 양면과도 같다. 삶과 죽음은 결코 떨어질 수 없는 관계에 있다. 매일 밤, 잠들기 전, 우리는 서로에게 '인샬라(신이 허락한다면 내일 또 만날 수 있을 것이다)'라고 인사한다. 아무도 죽음을 피해 갈 수는 없다. 인생의 매 순간에는 삶과 죽음이 공존하고 있다. 우리 모두에게는 각자 배워야 할 것과 각자 완수해야 할 사명이 있다. 삶은 그러한 임무를 완수하기 위해 우리에게 주어진 기회다. 그 임무를 완수하고 나면 우리는 우리 본래의 집인 신의 곁으로 돌아간다. 그것이 바로 우리가 생각하는 죽음의 의미다.

부재를 그리움의 대상이 아니라 여전히 함께하는 존재로 바라봄으로써, 더욱 의미 있는 유대를 나누는 것이 중요하다. 또 우리는 아직 이곳에 있으니, 우리의 삶을 살자. 많은 문화가 죽음을 하나의 삶에서 다른 삶으로 넘어가는 것으로 바라보지 않는다. 그러면서 늘 떠나간 사람의 빈자리를 곁에 두려 한다. 그러나 죽음은 존재의 또 다른 형태일 뿐이다.

삶에 있어 가장 중요한 질문은 나는 누구이며, 어디서 왔고, 어디로 가는가이다. 이만큼 본질적인 질문은 없다. 내가 어디서 왔는가는 내가 누구인가를 이해하는 기본이 된다. 나는 투아레그족이고, 사막에서 태어났으며, 우리 부족의 신앙을 가지고 있다. 또 나는 다른 모든 이들처럼 삶을 여행하는 여행자다. 나는 내가 무엇을 추구하는지 알고 있으며, 내가 걸어가야 할 길이 어떤 길인지를 알고 있다. 내가 누구인지, 어디서 온 것인지를 알 때, 우리는 다른 사람의 말에 의존하지 않고 자신만의 길을 갈 수 있다.

방황의 시기를 지나 비로소 자신의 길을 가게 될 때는, 바로 자신이 누구인가를, 그리고 어디서 왔는가를 기억해 냈을 때다. 투아레그족에게는 바람 앞에서 어디로 가야 할지를 알게 된다는 말이 있다. 그 말에는 바람이 우리를 우리가 전혀 원하지 않았던 엉뚱한 곳으로는 데려가지 않는다는 믿음이 내포되어 있다. 바람은 그 시작된 곳에서부터 한 방향으로 나아간다. 자신의 뿌리를 잃지 않고 앞으로 그저 나아가기만 하는 것이다. 그처럼 우리는 우리가 온 곳에서 앞으로 나아간다. 자신이 시작된 곳과 바람은 늘 연결되어 있다. 그래서 뒤돌아볼 필요도 없다. 다른 곳을 향해 한눈을 팔 일은 더더욱 없다.

시간이 없다고요? 난 시간이 많아요

해 질 녘 바라보는 사막의 하늘은 매우 아름답다. 지상의 모든 색채들이 그 안에 존재한다. 비가 내린 후 맑은 하늘도 아름답고, 월식이 일어나는 신비로운 하늘도 아름답다. 물은 곧 생명이고, 그 생명을 우리는 오아시스에서 얻는다. 사막 한가운데서 찾아지는 오아시스들은 신의 축복이자 아름다운 생명체들의 집합체다. 모래는 대지다. 인간이 사는 곳도 바로 그 대지 위이며, 오아시스도 대지 위에 있다. 끝없이 펼쳐진 모래 언덕들은 앞에서도 말했듯이 아름다운 여인과 같다. 불은 어린 시절, 야영지의 밤을 연상시킨다. 모닥불 주위에 둘러앉아 차를 마시며 도란도란 나누던 이야기들, 가만히 사그라지는 불씨들을 응시하던 시간, 그러한 기억들이 불의 이미지와 겹쳐 있다. 공기는 눈에 보이지 않는다. 그러나 바람을 통해 우리는 공기를 느낄 수 있다. 감지하기 어려운 아주 작은 미풍이라도 그 안에 실려 전해지는 공기를 느낄 수 있는 것이다. 모래 언덕의 아름다움은 바로 바람의 오랜 작업 끝에 완성된 작품이다. 끝없이 변해 가는 작품, 그러나 그 변화 속에 완벽함을 내재하고 있는 작품 말이다.

밤이면 우리는 오직 기분전환을 위해, 서로의 기운을 북돋우고 꿈꾸기 위해 불가에 모인다. 매일 밤은 나눔의 시간이다. 우리는 가족끼리 한 그릇에 음식을 담아 먹고 한 천막 아래에서 잠을 잔다. 나는 밤이 외로울 수 있다고는 생각조차 해 보지 못했다.

프랑스에 와서야 외로움을 알았다. 나는 거리에서 얼굴이며 말, 눈길을 찾으려 했다. 그러한 고독이 지속되지는 않을 것이라고 확신하며. 하지만 외로움은 계속되었다. 그렇게 해서 나는 텔레비전의 덫에 사로잡혔다. 밤마다 텔레비전을 보았다. 그 외로운 밤들

내내 아무것도 하지 않았다는 것을 깨달은 그날까지.

텔레비전은 우리에게 인공적인 꿈같은 삶을 제공한다. 우리가 세상으로 직접 다가가 보는 것을 막는 상자 속 세상. 만남, 얼굴, 풍경은 눈앞에 펼쳐지는데, 우린 의자에 파묻혀 꼼짝도 하지 않는다. 수동적이다. 사실 무엇 하러 밖으로 나가 존재를 찾겠는가? 모든 것이 이미 그 안에 다 있다는데. 잠재적으로. 하지만 텔레비전은 외로움을 치유하지 않고 감출 뿐이다. 중요한 것은 영혼과 영혼이 만나는 순간뿐이다.

아홉 살과 열다섯 살 정도의 아이들이 있는 친구들 집에 초대를 받았다. 친구들은 자기 아이들이 운동 한 가지 제대로 못하고 다른 친구들과 전혀 어울려 놀지도 못해서 걱정이라고 내게 말했다. 나는 친구의 아이들 방으로 갔다. 한 아이는 컴퓨터로 게임을 하고 있고, 또 한 아이는 메일을 쓰고 있었다. 나머지 한 아이는 닌텐도 게임을 하고 있었다. 아이들은 허구의 세계에 격리되어 있어, 삶에 더 이상 흥미를 느끼지 못했다. 큰아이가 내게 말하기를, 인터넷 덕분에 친구들과 사귀고 매일같이 그 친구들에게 이야기하기 때문에 다른 친구가 필요 없다고 했다.

나는 우리 부족의 아이들을 떠올려 보았다. 그들은 결코 혼자 있는 법이 없었다. 형제자매며 사촌, 친구들과 늘 무리 지어 있었다. 낙타 똥과 나무 밑동으로도 족하는 그 아이들의 놀이를 떠올려 보았다. 인터넷이 가능하게 해준 세계로 열린 거대한 통로와 현대성이 어떻게 아이들을 이렇게까지 고립시킬 수 있는지 이해가 되지 않았다. 그토록 외톨이인 아이들이 어떻게 삶에 맞설 무기를 만들 수 있겠는가?

그때 알게 된 것인데, 많은 싱글들이 전문 사이트를 통해 서로를 찾고 만나고 있었다. 컴퓨터를 통해 사랑을 경험하려고 애쓰는 그 모든 젊은이들을 보노라면, 내 소중한 사막의 장작불 가에 모여 앉은 이들의 긴 시와 노래, 눈빛 들에서 멀어진 기분이다. 서로 그토록 가까이 살면서도 깊은 외로움을 주체하지 못해, 신의 없는 말들만 나열되는 화면 뒤의 얼굴 없는 미지인들과 이야기를 나누는 것은 어찌된 일일까?

사람들은 오랜 시간 논의를 벌이지만, 그들이 바라는 것은 단 하나다. 사랑과 섹스. 미팅 주선 업체에 가입비까지 낸다는 사실을 최근에 알게 되었다. 그 한 걸음을 과감히 내딛는 것은 엄청난 고독의 고백인 셈이다. 문명 국가의 진보가 얼마나 큰 고립을 가져왔는지 확인하는 것은 끔찍한 일이다.

둘의 고독이 하나가 되어 마침내 조금의 열기라도 만들어 낼 수 있기를 바랄밖에.

어느 날 한 남자가 아내에게 이렇게 말하는 것을 들었다.

"당신 때문에 숨이 막혀. 나 좀 살자!"

나는 어리둥절해졌다. 서로 사랑하는 듯 보이는 사람들이 어떻게 서로를 못 살게 할 수 있다는 것인지 이해가 되지 않았다. 그것이 우리와는 다른 이들의 삶이다! 부차적인 것들이 우리를 성가시게 한다는 건 이해한다. 그렇지만, 우리가 선택한 사람이 우리를 숨 막히게 한다는 건 있을 수 없는 일인 듯싶다.

사막에서는 모두가 같은 천막 아래에서 살지만, 낮에는 각자 자기 자리로 돌아간다. 우리는 원하는 대로 만나서 이런저런 이야기를 나누고 사랑을 한다. 각자의 가족, 저마다의 사랑은 자유롭게 빛나는 핵심이다. 헤어짐은 우리의 사랑을 더 깊게 만든다. 우리는 유목민이라서, 감추는 감정을 알지 못한다. 남자와 아이 들이 짐승들을 목초지로 데려가거나 시장에 내다 팔기 위해 오랫동안 떠나 있는 것은 우리 일상생활의 일부다.

우리 부족에게 이런 말이 있다.

"천막에서 멀어지되, 마음은 가까이 하라."

늘 얼굴을 맞대고 사는 나머지, 당신들은 눈앞에 마주하고도 상대방을 알지 못한다. 왜 당신들은 눈길을 되찾는 기쁨을 만끽하지 못하는가?

어떤 작용으로도 변하지 않을 당신을 위한 모래 언덕의 한 귀퉁이를 남겨 두라. 당신만을 위한 공간을 확보하라.

어느 아가씨 집에서 단둘이 저녁을 먹었다. 우리는 멋진 저녁을 보냈다. 그녀는 발랄하고 아름다웠다. 그런데 대화를 나누던 도중에 그녀가 아이를 갖고 싶다고, 아이 아빠는 아무래도 좋다고 말했다. 그녀는 자기 아이를 혼자서 키울 준비가 되어 있었다. 내 놀라움을 그녀에게 어떻게 털어놓을까 고심했다. 그것은 이기적인 행동이라고, 아이에겐 아빠가 필요하다고, 어떻게 그녀에게 상처를 주지 않고 말할 수 있을까? 믿음도 가정도 없는 아이가 어떤 사회에 애착을 가질 수 있을까? 한 사람으로 온전히 일어서려면, 아버지와 어머니, 그리고 믿음이 필요하다. 우리 부족의 아이는 혼자서 자라날 수 없다. 아이는 가족의 울타리 안에서 형제자매, 사촌, 삼촌, 이모, 고모 들과 더불어 크기 때문이다.

그녀는 남자와 살 준비는 되어 있지만 결혼할 마음은 없다면서 내 반감을 가라앉히려고 했다. 나는 또 한 번 발끈했다. 어떻게 연인이 결혼도 하지 않고 아이를 갖겠다는 선택을 할 수 있단 말인가? 어떻게 아이를 가질 준비는 되어 있으면서 자신들의 마음에 책임을 지우려고는 하지 않는단 말인가? 내 물음은 대답 없이 남아 있다. 나는 그녀를 더 이상 만나지 않았다….

야영지에서 나는 큼지막한 원피스에 머리에는 꼭 베일을 쓰는 친척 아주머니들과 여자 사촌들에게 둘러싸여 있었다.

내가 나이저 강가의 타보예에 도착했을 때, 여자들이 빨래를 하고 젖가슴을 드러낸 채 몸을 씻고 있었다. 그야말로 충격이었다. 아직 어렸던 나는 눈을 뜬 채로 꿈을 꾸는 거라고 생각했다. 내내 궁금했다.

'저게 뭘까? 왜지?'

부끄러움이 우리의 몸짓 하나하나를 감추는 천막 아래에서 내

가족하고만 살아온 나였다. 휘둥그레진 눈으로 그 여자들을 줄곧 바라보았다. 그런데 그리 어렵지 않게 그 새로운 품행의 아름다움에 익숙해졌다….

반면 프랑스에 도착해서는 진짜 충격을 경험했다. 지하철역을 걷다가 나는 한 광고판 앞에서 그대로 몸이 굳어 버렸다. 거대한 나신의 여자가 '도시는 벗은 여인들에게 옷을 입힌다'는 문구 아래 나를 바라보고 있었다. 어떻게 여자의 몸을 그렇게 드러낼 수 있을까? 도시가 여인들에게 옷을 입힌다면, 왜 벗은 여인들을 보여 주는 것일까? 아무리 터무니없는 악몽 속에서도, 여자 몸을 상업적인 수단으로 이용할 수 있다고는 상상해 보지 못한 터였다. 어떻게 한 여자가 단 한 남자에게만 주어야 하는 것을 대중에게 줄 수 있단 말인가? 한순간 사막의 여인들이 떠올랐다. 그들의 긴 치마, 소박한 삶, 쌀, 짐승들, 기도와 광활한 사막이. 지하철 승객들에게 떠밀려 가던 나는 갑자기 울고 싶어졌다.

어떻게 두 세계가 이토록 대립될 수 있단 말인가? 둘 중 어느 세계가 더 자유로운 것일까?

그 종이 위의 여자들, 사방에 공개된 그 화려한 육신들을 나는 보고 싶지 않다. 사람들은 스쳐 지나는 미모의 여인에게서 아름다움의 일부를 눈으로 빼앗아 온종일 간직한다. 그렇게 그녀를 본 것이 자기 하나뿐이기를 바라는, 조금은 터무니없는 희망을 품고서 말이다. 그런데 광고의 초상은 모든 이들의 것이다. 나는 모든 눈들이 탐하는 그 거대한 얼굴들에 감탄할 수가 없다. 그 아름다움이 어떤 만남의 이야기가 되지 못한다는 것이 고통스럽기까지 하다.

나의 야영지와 프랑스의 이와 같은 숱한 다름에 나는 엄청난 충격을 받았다. 사는 법을 다시 배워야 했다. 다르게 사는 법을. 그런데 나의 땅을 잃은 나는 짙게 화장을 하고 머리를 꾸미는 프랑스 여자들을 보았을 때 마음이 무너지는 듯했다. 그런 행동은 보편적인 것임에 틀림없었다! 내 여자 사촌들이 소중히 간직한 작은 거울에 한참 동안 자신을 비춰 보는 모습을 나는 수없이 보았다. 매번 그들은 축제나 남편을 위해 자신을 아름답게 가꾸며 행복해했다. 그들은 미묵으로 눈매를 강조하고, 긴 머리 타래는 자그마한 빗으로 손질하고, 베일을 매만졌다. 그들을 더욱더 아름답게 해 주는 그 의식들이 좋았다. 타고나는 것인 양 내 여동생들이 거듭 매무새를 가다듬는 모습을 처음 보았을 땐 몹시 설레기까지 했다. 얼마나 가난하든 국적이며 전통이 어떻든 간에, 여자는 늘 품위를 지키고, 추억을 좇는 듯한 표정의 우아한 자태를 지니게 될 것이다.

개울 입구에 어떤 기계를 세워 큰돈을 번 남자를 우연히 만났다. 물이 흐르면 크랭크가 돌아가기 시작해 전력을 만들어 내는 기계였다. 남자는 그렇게 생산한 전력을 프랑스 전력공사에 팔아서 부자가 되었다. 남자는 그 돈으로 큰 집을 지었고, 물가에 해먹을 설치했다. 남자가 낮잠을 잘 때면 물 흐르는 소리가 들렸다. 남자는 생각했다.

'돈 떨어지는 소리가 들려오는군 그래, 난 이제 부자야.'

그에게서 이 말을 들었을 때 나는 한동안 어안이 벙벙했다. 내가 대꾸했다.

"그래요? 부자가 되셨나요? 자연 한가운데에서 물소리를 듣고, 당신 오른편 왼편으로 꽃들이 보이는 행복은 생각하지 않으세요?"

어떻게 그 풍경에서 금전적인 수익성만을 생각할 수 있을까?

내게는 대머리 삼촌이 있었는데, 그는 많은 부를 축적한 사람이었다. 전통적인 유목민의 삶에 있어서 부유함은 얼마나 많은 양과 소, 낙타를 소유하고 있는가로 가늠되었다. 많은 가축들을 소유한 사람들은 가난한 자들에게 자신의 양과 낙타를 빌려 주었다. 그러면 가난한 사람들은 그 양에서 우유와 고기를 얻었고, 낙타를 타고 이동했다. 유목민들의 삶에 있어 공동체 의식은 매우 중요하다. 그렇기 때문에 부를 축적한 자라고 하더라도 자신의 소유물을 나눌 줄 알았다. 함께 나누지 못하는 사람은 진정한 부자가 아니다.

그곳에 있어야 한다. 자신의 기원인 자연 속에 온전히 있어야 한다. 평생토록 작은 풀뿌리 하나라도 찾으려 애쓰는 누군가를 위해 피어나는 꽃 한 송이의 경이로움을 안다면!

부자가 되었다는 그 남자는 말은 그렇게 해도 그런 사람은 아니었다. 실제로 내게 털어놓기를, 그는 새로 태어나기 위해, 물을 생명의 원천으로 바라보는 법을 다시 배우기 위해 해마다 사막으로 떠난다고 했다.

투아레그족에게 있어 성공은 곧 지혜를 갖는 것이다. 그 지혜는 사막에서 유목을 하며 생존하는 데 필수적인 지식들, 자연과 짐승들에 관한 지식은 물론 사람과 삶을 아는 것도 포함된다. 우리에게 있어 진정 성공한 자로 인정받는 사람은 삶의 그러한 지혜를 터득한 이들이다. 그러나 그러한 앎들을 혼자만 가지고 있다면 그는 또 성공한 사람이 아니다. 많은 사람들이 고민이나 문제를 털어놓을 수 있는 사람, 스스로 경험을 통해 체득한 지혜를 나누어 줄 수 있는 사람, 그러한 사람이 진정으로 성공한 사람이다.

자연에서 살아가는 이들에게는 균형의 문제가 제기되지 않는다. 몸은 저절로 환경에 적응한다. 우리 부족 여자들은 자신들의 오동통함을 좋아한다. 살진 몸은 굶주리지 않음을 의미하기 때문이다. 그들은 단지 그들 자신이기에 아름답다.

친구와 그의 아내와 함께 점심을 먹던 어느 날, 다이어트 중이라며 음식을 거부하는 친구의 아내를 보고 나는 아연실색했다. 그녀는 배고픔을 겪어 보았을까? 사람들이 몸을 여위게 만들고 아름다운 몸을 갖기 위해 음식을 피하고 가려 먹는다는 사실이 도저히 믿어지지 않았다. 균형에 대한 그러한 강박관념에, 나는 엄청난 도덕적 불균형이 떠올랐다. 사람들은 자신의 영혼을 찾기 위해 몸을 만들려고 애쓴다. 사실 사막 사람들은 자신에게 너무 많은 질문을 던지지 않는다. 우리는 배가 고프면 쌀과 조를 먹고, 목이 마르면 물을 마신다. 배가 고파도 식사 때가 아닌 경우에는 물을 마신다. 결정을 하는 것은 몸이다. 확신컨대, 사람이 스스로 절제할 수 있을 때 몸은 더더욱 균형을 찾는다.

이곳에서 풍요로움이 고통이 될 수 있다는 것을 알았다. 절제하는 법을 배우고, 자신의 욕망을 잠재우는 법을 배워야 한다는 것을. 우리는 아무것도 가진 것이 없기에, 그 무엇도 우리의 꿈을 막지 못한다. 우리의 꿈이 현실과 부딪치는 경우는 드물기까지 하다.

하루는 한 여자 친구가 나를 체조 교실로 데려갔다. 사람들이 몸을 만들기 위해 미친 듯한 음악에 맞춰 무척이나 까다로운 동작을 하고 있었다. 그들은 자기들 삶을 상자 속에 가둔 나머지, 일상의 칸막이를 잊기 위해 또 다른 상자들로 가고 있는 것이다. 그러한 판단 착오는 도시인들이 그들의 자연과 함께 살아가지 못하고 있는 현실에서 기인한다.

어떤 농부도 '체조 클럽'에는 결코 가지 않을 것이다. 날마다 기본적인 에너지를 소비하니 말이다. 몸이 수단일 뿐만 아니라 노동의 대상이 될 수 있다는 것을 프랑스에서 알게 되었다.

프랑스에 머문 첫 달부터 앙제에서 살 수 있는 엄청난 기회를 잡았다. 앙제는 가장 발전한 유럽 도시들 중 하나인 듯싶다. 그 지역을 방문하면서 나는 다채로운 빛깔과 경치, 푸른 녹음에 깜짝 놀랐다. 물은 언제나 꽃들을 피울 준비가 되어 있는 것 같았다. 그토록 풍요로운 자연과 마주하며, 나는 지독하게 가뭄이 들었던 해들을 자주 떠올렸다. 배고픔으로 죽어 간 사막의 짐승들, 희망의 목초지를 향해 전진하는 야영지 가족들을 떠올렸다. 목초지는 작열하는 태양에 종종 타 버리기도 했다. 하늘의 불공평함….

서양에서는 모든 것이 넘쳐 난다. 상상할 수 있는 모든 것, 심지어 그 이상의 것들이 있다. 배고픔도 목마름도 두려운 것이 아닐

때, 행복은 손닿는 곳에 있다. 나는 이 나라의 풍요로움에 날마다 감탄한다.

이 빛의 도시에서, 사람들은 더 이상 어둠을 알지 못한다. 전기는 어둠을 감추기도 하고 과장하기도 한다. 밤이 되어도 전기는 삶을 가능한 것으로 만들면서 어둠을 지워 버리지만, 어둠을 퍼뜨리기도 한다. 빛이 없는 곳은 공포감을 자아내는 까닭이다.

어느 날 밤, 나는 한 여자 친구와 함께 그녀의 집에 갔다. 그녀는 스위치를 누르더니 전구가 나간 것을 확인했다. 그녀는 다른 전등을 켜려고 했지만, 어둠에 깊이 잠긴 아파트에서 끝내 방향을 분간하지 못했다. 가구들이 어디 있는지 가늠할 수 없었던 그녀에게로 선반 하나가 떨어졌다. 그녀는 가벼운 상처를 입었다. 그녀가 그토록 어둠을 피하려고 하지 않았더라면, 그 밤은 아름다웠을 것이다. 다른 각도에서 자기 삶을 다시 발견할 수도 있었을 것이다. 빛 없이 사물들이 존재감을 갖는 시각. 사람들이 사물을 느끼고 간파하는 시각. 사막에서는 아주 어릴 때부터 어둠에 귀 기울이는 법을 배운다. 우리는 밤을 볼 줄 안다. 밤은 빛의 한 면일 뿐이다. 일상의 물건들이 마음속에 각인되어 있는 까닭에 우리는 어둠 속에서도 무엇이든 할 수 있다. 기억을 떠올리고, 우리의 감각에 귀를 기울이는 것으로 충분하다.

내가 탄 비행기가 파리에 착륙했을 때, 그 도시는 마치 자기만의 언어를 가진, 별이 총총한 하늘처럼 느껴졌다. 빛은 낮이 되어, 낮을 무한히 연장시켰다. 무엇보다도 나는 그 도시의 밤에 또 다른 이야기가 있음을 깨달았다.

인간이 만들어 내는 빛은 자연의 또 다른 면을 드러낸다. 그 빛은 어둠을 좌지우지하는 자기들만의 소통 수단을 지니고 있다.

유목민인 나는 자유인으로 남고 싶다. 그 무엇에도 종속되지 않기 위해, 나를 제약하는 것들은 떨쳐 내 버린다. 나는 내게 꼭 필요한 물건만을 담고 있는 작은 파란색 배낭을 매고 여행한다. 프랑스에서 내가 자유를 누릴 수 있는 것은 여권 덕분이다. 나는 바람이 나를 데려가는 곳으로 어디든 갈 수 있다. 고여 있는 삶일수록 더 많은 의존성을 만들어 낸다. 마치 사람들이 이미 자신을 얽어매고 있는 어떤 삶에 더욱 집착하게 되는 것처럼. 전화, 텔레비전, 컴퓨터, 담배, 술, 애완견…, 익숙한 삶의 테두리에서 벗어나지 않기 위해 결코 자기 자신에게서 멀리 떠나지 않는 그만큼의 이유들.

필요한 듯 보이는 욕구도 필수불가결한 경우는 극히 드물다!

하루는 한 여자 친구가 울면서 나를 불렀다. 텔레비전이 고장나서 나오지 않는데 다시 살 돈이 없다는 것이다. 나는 그게 정말로 중요한 문제냐고 물었다. 그녀는 대답하지 못했다. 많은 의미 없는 시련이 우리의 행복을 방해한다. 우리는 항상 우리의 행동과 근심을 아끼기 위해 노력해야 한다. 인생에서 우리를 불행하게 만들 만한 일이란 거의 없다.

아픈 경험을 통해서 우리는 무엇이 잘못된 것이었는지 깨닫게 된다. 투아레그인들은 고통 속에서 지혜를 얻는다고 믿는다. 자신에게 고통을 주는 힘겨운 시련이 반복될 수는 있다. 아직 다 배우지 못했다면 그러한 상황은 계속될 것이다. 아니, 같은 상황이 반복되더라도 배움을 얻었다면 다르게 행동할 수 있을 것이다. 그처럼 '다르게' 행동하기 위해 우리는 살면서 그처럼 많은 힘겨운 경험들을 하게 되는 것이다.

비록 실수로 물이 가득 채워져 있는 게르바(염소 가죽을 꿰매 만든 물통)를 뒤엎을 수도 있지만, 유목민들의 행동에는 저마다 중요한 의미가 있다. 몹시 뜨거운 날이나 회오리바람이 몰아치는 날, 우리의 행동 하나하나는 대단히 중요하다. 그렇기에 우리는 소중한 일에 전심 전력을 다 쏟는 법을 일찍이 터득한다. 예기치 않은 실수는 모두에게 치명적인 결과를 초래할 수도 있기 때문이나. 모든 것이 중요하다. 하지만 무익한 것은 우리에게 아무런 주목도 받지 못한다. 우리를 둘러싼 세계를 바라보는 이런 관점은 삶을 살아가는 우리들의 인간관계에도 영향을 미친다. 우리는 스스로를 어지럽히지 않는다. 소중한 일에 집중한다. 그런 까닭에, 그토록 분주해 보이는 서구 국가들이 꼭 필요하지 않은 것들을 그렇게나 많이 떠안고 살아가고 있음을 보고 나는 몹시 놀랐다.

내 이웃이 종종 말하기를, 월급으로 집세 내고 먹을거리 사고 나면 남는 게 없단다. 그래서 인생이 의미가 없다고 주장한다. 돈으로 할 수 있는 것이 인생에서 할 수 있는 것의 전부라고 믿는 탓이다. 일하고, 먹고, 자는 것. 돈 벌고, 장 보고, 집세 내는 것.

그래 봤자 그게 다 무슨 소용인가? 오로지 먹고 머물기 위해서만 평생토록 일할 수는 없는 노릇이다! 그것은 인생을 놓치는 것이다. 고작 밤에 써 버릴 돈을 벌기 위해 인생을 사는 것이 된다면 아침마다 일어나는 것이 무슨 소용이겠는가?

나는 돈을 버는 대로 타보예의 사막 학교에 보내거나 아버지에게 염소를 사라고 보낸다. 내 노고에는 의미가 있다. 내 목표가 내 노고에 의미를 부여해 주므로 나는 결코 혼자라 느끼지 않는다. 물질적이고 일상적인 잡다한 사건들에 소진되어 버리는 삶에서 벗어날 새로운 목표를 찾아야 한다.

얻어 낸 것을 풍요롭게 만드는 것은 언제나 가능하다.

비록 돈은 없지만 나는 프랑스 이곳저곳을 찾아다녀 보고 싶었다. 무엇보다 파리에 가고 싶었다. 보르도와 니오르 사이에서 어떤 아저씨가 화려한 자동차에 나를 태워 주었다. 우리는 서로에 대해, 서로의 인생에 대해 이야기를 나누었다. 내가 어린 학생들에게 사막의 이야기를 들려주고 있다고 하자, 그는 자신이 일하는 휴양 센터로 찾아와 달라고 초청했다.

그해 여름, 나는 그가 일하는 곳을 찾아갔다. 그곳에서 나는 아이들과 청소년들을 돌보는 일을 맡았다. 그 센터의 설립 목표는 지식 교류를 넓혀 가는 것이었다. 센터의 이름이 놀라웠다. '가능성의 공간.' 그곳에서는 심리학, 요가, 레이키(일본인 우스이가 창안한 기수련법. 레이키는 영의 에너지라는 뜻), 선 등의 활동이 한데 어우러졌다.

어느 날 오후, 캘리포니아 감각 마사지 프로그램이 발표되었다. 호기심이 동한 나는 그곳에 가 보기로 마음먹었다. 교실에 들어서니, 여남은 개의 탁자와 옷을 벗은 사람들이 보였다. 우리 부족은 몸을 드러내지 않기에, 나는 몹시 낯이 뜨거웠다. 하지만 내겐 아무런 선택의 여지가 없었다. 모두가 팬티 바람이었던 것이다.

어떤 사람들은 완전히 벌거벗고 있었다. 나는 수영복이라도 입기로 결심했다. 나는 벌거벗은 사람들이 무리 지어 있는 것을 본 적이 없었다. 강사가 어떻게 마사지를 해야 하는지 설명했다. 저절로 조가 짜였고, 나는 머리가 긴 아주 예쁜 아가씨와 짝이 되었다. 우리는 조금 멋쩍어하며 서로 마사지를 해 주었다. 강의가 끝나자 우리는 서로에게 자기소개를 했다. 나는 우리 사막에서도 전혀 다른 방법이긴 하지만 치료를 위해 마사지를 해 준다고 말했다. 그러자 그녀가 대답하기를, 자신도 아주 특별한 방법을 알고 있다고 했다. 그래서 나는 아무런 저의 없이 마사지를 서로 주고받아 보면 어떻겠느냐고 제안했다. 다음 날 아침, 우리는 사우나와 자쿠지 사이에서 다시 만났다.

저녁이면 나는 내 숙소로 돌아왔고, 그녀도 자기 텐트로 돌아갔다. 폭풍이 몰아쳤다. 밤이 되자 바람이 더욱더 사나워졌다. 비가 줄기차게 내렸다. 그녀가 내 숙소로 찾아와 말하기를, 자기가 머물던 텐트가 바람에 날아가 버렸다고 했다. 우리는 폭풍이 지나가기를 기다리며 이야기를 나누었다. 하지만 폭풍은 잦아들지 않았다. 그래서 나는 남자 노릇을 톡톡히 해 보기로 마음먹었다. 그녀의 텐트를 찾아올 테니 그동안 기다려 달라고 말했다. 비가 쏟아지는 진창 속에서 숱한 우여곡절을 겪은 끝에 그녀의 은신처를 다시 세웠다. 텐트는 찾았지만 내 숙소에서 자는 게 좋겠다고 그녀에게 제안했다. 하지만 그녀는 거절했다.

이튿날 그녀는 그녀가 사는 로잔으로 떠났다. 우리는 크리스마스 휴가 때 다시 만나기로 약속했다. 서로의 나라를 방문하고 싶었던 것이다. 내가 사막 이야기를 들려주었을 때 그녀는 그녀의 고향 브르타뉴에 대해 이야기해 준 터였다.

그해 12월 말에 우리는 재회했다. 그녀는 아름다웠고, 나는 사랑에 빠져 있었다. 오랫동안 꿈꿔 온 여행이었다. 우리는 밀월여행을 떠난 연인처럼 브르타뉴의 작은 골목들 구석구석까지 들어갔다. 생말로에서 나는 바다가 보이는, '레 샤르메트'라는 예쁜 이름을 가진 호텔을 찾아냈다. 나는 매 순간이 아름답도록 만반의 준비를 했다. 단지 얘기하고 서로를 발견하면서 사흘 밤을 보낸 다음 날 새벽 네 시에 그녀가 말했다.

"너한테 할 얘기가 있어. 털어놓기 힘든 아주 내밀한 얘기야."

나는 그녀가 사랑을 고백하려는 것이기를 내심 기대했다. 가슴이 두방망이질했다. 나 역시 감정을 고백할 준비가 되어 있었다. 살며시 와 닿는 손길, 몸짓을 느끼며 나는 확신하기까지 했다. 그녀가 말했다.

"난 혼자가 아니야."

나는 숨을 멈추었다. 그녀가 덧붙였다.

"내겐 여자 친구가 있어."

무슨 말인지 이해가 되지 않았다. 그녀가 거듭 말했다.

"난 여자를 사귀어. 남자들한텐 결코 끌리지 않아."

나는 아무 대답도 하지 못했다. 그녀를 너무도 존중한 나머지 원망할 수가 없었다. 하지만 내 안에서는 울부짖고 있었다.

사막에서 태어난 나는 동성애에 대해 들어 본 바가 없었다. 내게는 도저히 있을 수 없는 일처럼 여겨지는 그것과 마주하고서 내가 무슨 말을 할 수 있었겠는가? 나는 어찌할 바를 몰랐다. 떠나기를 주저했다. 기만당한 기분이었다. 방을 떠나야지. 하지만 나는 나가지 못했다. 그곳에 머물렀다. 잠이 나를 데려가기를 기다리며. 여자를 사랑하는 그녀.

다음 날인 1월 1일 아침 일곱 시, 우리는 밤이 지나간, 타는 듯한 브르타뉴의 차디찬 바닷물에 뛰어들었다. 그녀는 반쯤 벗은 채 수영을 했다. 육신에도, 마음에도 고통이었다. 그럼에도 불구하고 나는 그녀에게 사막을 보여 주겠다고 약속했다. 또한 그녀의 뜻을 바꿔 놓겠다고 다짐했다.

봄에 우리는 말리로 떠났다. 지프, 야영지, 가족, 염소와 낙타, 산책과 명상. 사막에는 우리 둘뿐이었다. 자연이 자신의 권리를 되찾기를 바라는 비밀스러운 희망. 그녀의 심장이 한 남자를 위해 고동치기를. 나를 위해. 우리는 모래 언덕 위에서 잠시 쉬었다. 그녀가 내 입술에 입을 맞추었다. 그저 입맞춤일 뿐이었다. 처음이자 마지막으로 나는 그녀를 사랑했다.

하지만 나는 깨달았다. 자연스럽지 않아 보이는 것도 자연의 일부라는 것을.

몽펠리에서의 그날 밤을 나는 언제까지나 기억할 것이다. 내 앞에서 춤추는 한 여자의 아름다움 앞에서 넋을 잃었던 그날 밤을. 나는 동행한 친구에게 그녀에 대해 한참을 이야기했다. 그런데 친구가 하는 말이 그녀가 남자라는 것이다…. 나는 믿고 싶지 않았다. 그 친구 말이, 그가 어느 날 학교에서 사라졌는데 2년 뒤에 여자의 몸이 되어 돌아왔다는 것이다. 소름이 돋았다. 자기 몸에 그런 일을 저지를 수 있다는 것은 책임감이 없는 것과 마찬가지다. 남자라는 여지는 남겨 두려 하면서 여자가 되려고 애쓰는 남자, 그것은 자신에게 주어진 사명을 회피하는 것이다. 사명이란 자기 본연의 모습대로 인생에서 앞으로 나아가는 것이다. 정체를 감추는 것은 자신의 영혼을 왜곡하는 행동이다. 결코 자기 것으로 삼을 수 없는 그 낯선 세계에서 과연 그는 무엇을 발견할 수 있을 것인가? 끔찍한 일이다. 그들 자신의 몸 안에서 영원히 이방인으로 남아 있을 테니 말이다.

몸은 정신에 영향을 미친다. 본질적으로 여자는 보다 감성적이고, 남자는 훨씬 무디다. 다음으로, 인간 존재는 자신이 원하는 대로 변화한다. 하지만 자연은 우리를 구분 짓고, 그러한 차이 덕분에 우리는 상호 보완을 하며 살아간다.

가장 위대한 힘은 마침내 자기 자신이 되는 것이다. 인간 존재는 자신을 왜곡하면서 존엄성을 잃고 자신의 인간성을 변질시킨다. 그런데 인간과 동물의 차이점 중 하나는 인간에게 부끄러움, 존경심, 도덕이라는 가치에 대한 감각이 있다는 것이다. 인간에게서 그가 가진 가치를 없앤다면, 인간은 자신의 생명과 직결된 명령에만 응답하는 동물처럼 행동할 것이다. 동물의 모습 그대로 먹고, 자고, 몸을 피하는 것으로 만족할 것이다.

오늘날 문명화된 인간이 오히려 동물에 더 가까워지고 있는 현실을 보면서 충격을 받았다. 인간에게 동기를 부여하는 듯 보이는 것들이 더 이상 신앙도, 국가도, 열정도, 이상도 아닌, 섹스이고 돈이기 때문이다. 거리의 광고들만 보아도 알 수 있다. 그 광고들은 그것으로 요약되는 듯하다. 하지만 시간이 흐름에 따라 인간은 있는 그대로의 자신에게 자긍심을 느끼는, 위엄 있는 영혼 안에서 위대해지는 것만을 생각하게 될 것이다.

컴퓨터, 게임, 약물, 쇼핑 중독 등 현대인들이 각종 중독 증세에 시달리고 있는 것은 물질주의의 결과다. 늘어나는 소유 욕구와 더

불어 소유한 것을 축적해 가는 삶을 추구하는 데 문제가 있다. 더 많이 가지려고 하는 마음에는 언제나 절망이 자리하기 때문이다. 그 누구도 자신의 욕구가 완벽하게 충족될 때까지 모든 것을 소유할 수는 없다. 아무리 돈이 많은 부자라고 하더라도 부족한 부분이 늘 있게 마련이다. 그것을 이해해야 한다. 욕망의 뒤를 좇다 보면 정신은 피폐해진다.

인간이 갖게 되는 욕망들 중 기본적인 것을 제외하면 대부분 불필요한 것들이다. 그 불필요한 욕망은 자신을 인정하지 않을 때, 스스로에게 만족하지 못할 때 생겨난다. 내면의 만족과 균형을 이루지 못한 사람은 자연히 외부 세계로 눈을 돌린다. 그때 소유의 욕구가 생긴다. 내적 불만족은 자신과 외부 세계 사이의 불균형을 낳고, 그 안에서 두려움과 번민이 생겨난다.

절망적인 생각들과 상실의 감정들이 영혼을 사로잡는다. 자신이 어떤 존재인가를 잊고 감정과 욕망에 치우쳐 사는 것은 매우 위험하다. 늘 다른 것들을 필요로 하기 때문이다. 그러나 절망과 상실감을 채워 줄 것들은 결코 외부에서 찾아지지 않는다. 이를 바깥에서 찾으려 하기 때문에 각종 중독증에 시달리는 것이다.

따라서 우리가 궁극적으로 추구해야 할 것은, 그리고 최고의 가치를 두고 소유해야 할 것은, 자기 자신과 타인을 원래 있는 모습 그대로 인정하고 아끼는 사랑의 마음이다. 그리고 내면세계와 외부 세계의 조화와 평화를 이루는 것이다.

텔레비전과 신문을 통해 우리는 매일같이 기아에 시달리는 어린이들의 소식을 듣는다. 그러나 귀로 듣는 것은 듣는 것이 아니다. 그 소식들이 우리 가슴을 울리기 위해서는 사랑이 필요하다. 그 사랑의 마음을 키워야 한다. 그리고 그 사랑은 그들이 바로 우리의 아이들임을 깨달을 때 일어난다. 마치 소나기가 그친 뒤 선연한 무지개가 떠오르듯 그렇게 사랑의 정신이 피어오른다. 그때 우리는 알 수 있다. 자신의 욕구를 채우기 위해 무언가를 더 많이 소유한다는 것이 사실은 필요치 않은 것임을. 개개인이 그러한 사랑을 키운다면 그렇게 많은 음식 쓰레기들이 지구를 덮지 않을 것이다. 이렇듯 진정한 사랑과 평화는 나눔 안에서 태어나고 성장한다. 그리고 그것이 우리에게 행복을 가져다준다.

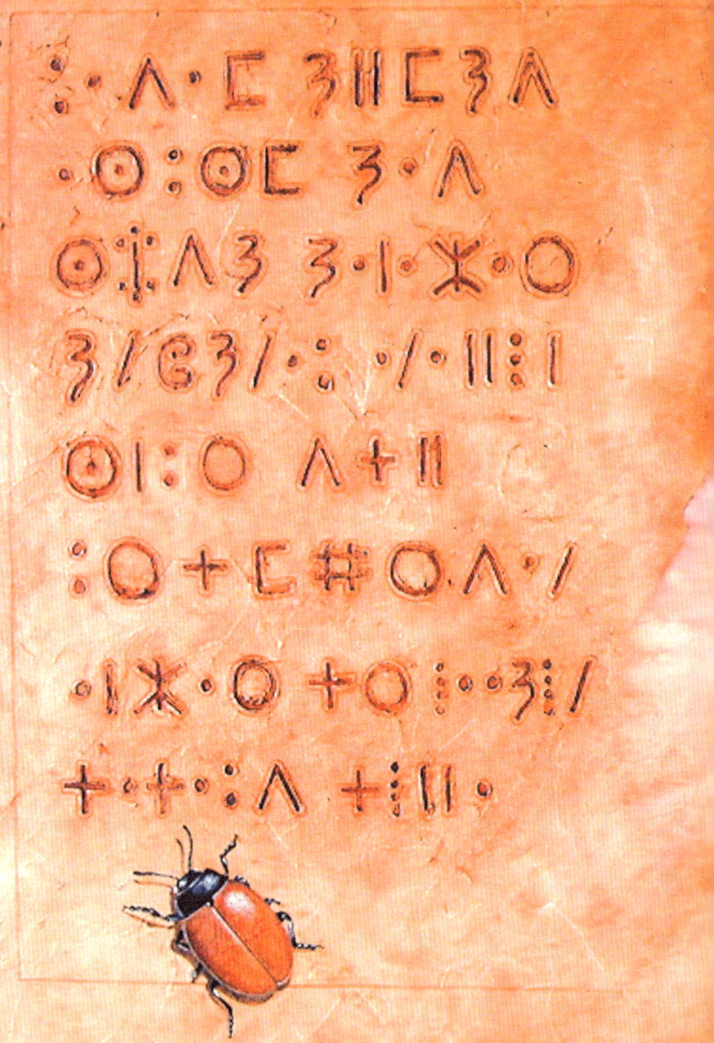

꿈에서 너무 멀어진 사람들

우리에게 축제는 무엇보다 나눔의 시간이다.
바로 그 시간에 우리는 서로의 사랑 이야기를 알게 되고, 오로지
행복해지기 위해 가뭄과 병든 짐승들을 잊는다. 여자들은 탕데를

두드리며 소리치고 노래한다. 남자들은 낙타에 올라타고서 탕데의 리듬에 맞춰 경주를 한다. 우리는 우리를 맞아 주는 천막을 영예롭게 하기 위해 하나같이 가장 멋진 옷을 차려입는다. 우리는 '날려 버리는' 것이 아니라 피어난다.

내가 프랑스에서 지낸 지 몇 달쯤 되었을 때 친구인 피에르와 조슬랭이 한 장터 축제의 놀이기구 타는 데로 나를 데려갔다. 그들이 말했다.

"무사, 화끈하게 날려 버리게 될 거야."

날리는 대신 나는 일주일 동안 앓아누웠다. 둥글게 돌아가며 사람을 사방으로 넘어뜨리는 놀이기구 안에서 거꾸로 매달린 채 두려움에 떠는 것이 무슨 재미일까? 축제는 어디 있나? 나눔은 어디 있을까? 나는 내 자리에서 옴짝달싹 못한 채 홀로 울부짖고 있었다. 나중에야 알게 된 것인데, 이곳 사람들은 정신을 놓기 위해 돈을 지불했다. 그들 안에 남겨진 기억들을 단지 몇 분 동안 그 공간에서 지워 버리기 위해. 그것은 탈출하는 게 아니라 도피하는 것이다.

엄청난 수의 서구 사람들이 끊임없이 망각하고자, 달아나고자 애쓴다는 것을 나는 알고 있다. 하지만 사막의 우리는 그럴 수 없다. 우리는 그걸 원치 않는다. 우리가 무엇을 피하려 하겠는가? 우리는 망각이 아니라 기억을 쌓는다. 우리는 구전 사회다. 따라서 우리가 잊는다면, 우리의 역사는 더 이상 존재하지 않게 된다. 과거가 지워지는 것이다. 망각은 작은 죽음이다. 진정 살아 있다는 것은, 명철한

의식으로 삶에 참여하여 모든 것을 자각하는 것이다. 도피, 자신에게서 벗어남은 자신을 잃는 것이다.

그래서 우리는 과거의 우리 모습에서 지금의 우리를 끊임없이 이끌어 내고자 한다.

하루는 춤을 추는 곳에 가 보았다. 춤을 추고 싶었기에. 그런데 춤을 추려면 상자 속에 갇혀야 한다는 걸 내가 어떻게 상상이나 했겠는가? 어떻게 그 생지옥 같은 곳이 기쁨의 장소가 될 수 있을까? 돈을 내고 즐거움을 산다. 축제의 질은 입장료에 상응하는 것임에 틀림없다. 사람들은 감시당하고, 강렬한 빛과 귀청을 찢는 듯한 음악, 술, 담배 연기에 자극받는다. 자신의 몸을 죽이고 싶어 한다. 저마다 자신을 들여다보며 홀로 춤을 춘다. 말은 술과 소음에 잠겨 버린다. 때로는 싸움을 벌이기도 하고, 때로는 자제력을 잃은 키스를 하기도 한다. 그러려고 돈을 내는 것이다! 그들은 더 이상 서로의 목소리를 듣지도 않고, 생각하지도 꿈꾸지도 않는다. 빛이 시선을 흐려 버린다. 하나같이 짧은 옷차림들이다. 눈의 쾌락을 위해 옷조차 제대로 입지 않는다.

겁에 질린 나는 바에 팔꿈치를 괸 채, 물 한 잔을 부탁하고 눈을 감아 버렸다. 그때 사막의 북소리가 들렸다. 박수를 치며 노래를 부르는, 미묵으로 눈썹을 그린 내 어여쁜 여자 사촌들이 보였다. 나는 우리가 함께 별빛 아래에서, 자연이 다치지 않도록 부드럽게, 관능적인 춤을 추는 상상을 했다. 눈을 뜨자, 사방으로 얽힌 팔들과 문란한 육신이 보였다. 시는 없었다. 그들은 자기 영혼에서 빠져나오려고 안간힘을 쓰는 벌레들 같았다.

어느 날 어떤 사람과 오랜 대화를 나눴다. 그는 매일 세계에서 일어나는 일들을 꿰고 있는 것이 자신에게 얼마나 중요한지 설명했다. 그게 어디에 쓸모가 있느냐고 묻자, 그는 "세상사를 아는 데 도움이 된다"라고만 대답했다. 하지만 그는 정보 앞에서 수동적이었다. 기부도 전혀 하지 않았고, 그 어떤 실천도 없었다. 그는 그런 지식의 추구가 마약과 흡사하다고만 털어놓았다.

그의 가족에 대해 묻자, 가족의 소식을 못 들은 지 오래되었다고 했다. 그러니까 그는 가족보다 세상 반대편에서 일어나는 일에 더 불안해하고 있었다. 그에게는 그를 필요로 할 사람들보다 그에게서 벗어난 일에 관심을 갖는 게 훨씬 더 쉬운 듯 보였다. 그는 자기 삶에 대해 안심하기 위해 다른 곳의 좋지 못한 상황을 양식으로 삼고 있었다. 자기 부모를 외롭게 늙어 가도록 놔둔다면, 자연의 비극에 안타까워한들 무슨 소용일까?

투아레그족의 전통에서는 항상 가족을 돌아보는 게 우선이고, 그 다음이 우리의 관심 분야를 넓히는 일이다. 우리는 핵심에서 출발해서 가장 먼 영역에 이른다. 주위 사람들을 도울 줄 모르는 것, 그것은 우리가 타인들을 위해 아무런 의미도 되어 주지 못한다는 것이다.

타인을 위해 자신을 희생하는 것은 아름답다. 하지만 무조건적인 희생은 결코 좋다고만 말할 수 없다. 투아레그인들은 타인을 위해 자신의 모든 것을 버리지 않는다. 그러나 누군가가 도움을 필요로 할 때면 투아레그인들은 그들을 위해 할 수 있는 일을 찾아 성심을 다해 돕는다. 기쁜 마음으로 타인을 돕고, 가족과 가까운 이들을 지키려고 노력한다. 우리에게 있어 함께하는 삶은 소중한 가치를 지니며, 타인을 위해 봉사하는 삶이 어떤 의미를 갖고 있는지 잘 알고 있기 때문이다. 희생은 기쁨이 되었을 때 그 가치를 지닌다. 그것이 고통이 되어서는 안 된다는 말이다.

스스로에게 기쁨을 주고, 자기 안의 평화를 깨트리지 않는 범위 안에서, 그것이 비록 자신의 모든 것을 송두리째 바치는 일이라 하더라도 자기 내면과 조화를 이룰 수 있을 때, 희생은 진정한 의미를 갖는다.

어느 날 제네바를 알고 싶은 호기심에 이끌려, 제네바행 기차표를 샀다.

우연히 레만 강가의 축제에 가게 되었다. 사람들은 행복해했고, 축제를 즐기며 웃고 있었다. 갑자기 엄청난 소음이 들려왔다. 어디서 나는 소리인가 하고 주위를 둘러보았다. 호수 위로 150미터 높이까지 솟구치는 거대한 분수가 보였다. 나는 곧 깨달았다. 그 분수는 자연적인 것이 아님을, 사람들이 물을 공중으로 쏘아 올리는 것임을 알아차렸다.

그때 내 머릿속에 한 가지 광경이 떠올랐다. 우물물을 찾아 나선

당나귀들, 물 한 방울 한 방울과 우리와의 성스러운 관계. 나는 그 거대한 분수를, 투아레그족이라면 누구나 꾸는 꿈 혹은 악몽을 바라보고 있었다. 어떻게 물을 허공으로 그냥 쏘아 올릴 생각을 할 수 있을까? 나는 멀찌감치 떨어져서 하늘을 올려다보았다. 이 땅 위에 숨겨 놓은 극과 극의 삶에 무관심한 하늘을.

해마다 나는 아버지의 야영지로 돌아간다. 그때마다 어떤 작은 목소리가 끊임없이 내게 묻는다. 같은 지구 위의 삶인데 어떻게 이토록 대립될 수 있는 것일까?

아버지는 눈으로 내게 대답한다. 지혜는 여러 개의 극을 양식으로 삼는다고.

루아양의 친구들 집에 있을 때, 친구들이 나를 해변으로 데려가 주었다. 별일 아니라고 여길지도 모르지만 내게는 아연실색할 경험이었다. 그렇게 많은 몸들이 벌거벗다시피 한 채로 드러누워 있는 것을 한 번도 본 적이 없었다. 나는 친구를 돌아보며, 저 사람들이 하나같이 무엇을 하는 것이냐고 물었다. 친구는 "햇볕을 쐬고 있는 거야"라고 대답했다.

햇볕과 화상으로부터 몸을 보호하면서 평생을 보낸 내가 햇볕에 몸을 드러내기 위해, 몸을 태우기 위해 옷을 벗은 수백 명의 사람들과 느닷없이 맞닥뜨린 것이다! 나는 너무도 놀라서 카페 테라스에 있는 사람들 쪽으로 눈길을 돌렸다. 그들 역시 햇볕에 얼굴을 드러내고 있는 것을 보고 어리둥절해졌다. 괴이쩍은 마음에 내가 물었다.

"왜 몸을 드러내지?"

"태우려고."

"태워서 뭐 하게?"

"멋있어지려고."

그때 나는 내가 완벽하게 멋진 사람이라는 느낌이 들었다. 자연스럽게 몸을 태운 나는 멋있어지려고 땡볕 아래에서 고생할 필요가 없었다. 그렇지만 프랑스에서 육 년을 지낸 지금, 나 또한 이따금 내 살갗에 내리쬐는 볕을 즐기고 있음을 문득 깨닫는다. 이제 나는 볕을 피하지 않는다. 나의 사막을 좀 더 가까이에서 느끼기 위해 햇볕을 찾아다니기까지 한다.

사막이 아름다운 이유는 자연성을 그대로 간직하고 있기 때문이다. 그 자체로 진眞이며, 진이기 때문에 깊고 아름답다. 사막에서 진정한 자아와 만나지 않는 사람은 아무도 없다. 사막은 거울과 같기 때문이다. 자기 자신과 만난 자는 내면의 평화를 이룬다. 그리고 그 내면의 평화는 침묵 속에 존재한다. 삶의 소란들 속에서 물러나 어떠한 자기 내면의 울림과, 하늘로 곧바로 상승하는 정신성과 하나로 일치될 수 있기 때문에 사막은 아름다운 것이다.

일주일 코스의 사하라 일주 광고를 보고 나는 어안이 벙벙했다. 내가 어렸을 때는 몇 킬로미터를 가기 위해 몇 시간을 꼬박 걸었다. 그런데 프랑스에 와서 알게 되었다. 사하라의 사막들을 가로지르는 데 단 며칠이면 충분하다는 것을! 서구 세계의 또 하나의 터무니없음이다!

사막은 관통할 수 없다. 스며들 수만 있을 뿐. 사막을 오랫동안 걷다 보면, 언제나 지프보다 더 멀리 가게 된다. 프랑스에서 속도를 발견한 것은 내게 크나큰 놀라움이었다. 하지만 그것 때문에 느림의 힘이 잊혀서는 안 된다. 느림만이 스쳐 지나는 매 순간을 음미하게 해 준다.

일주일 동안 고작 모래 알갱이나 발견하려고 사막으로 떠나는 것이라면, 아마도 그들 이방인들은 사하라의 영혼에 생채기만 내게 될 것이다….

프랑스에 머문 지 몇 달쯤 되었을 때였다. 나는 그 유명한 소르본 대학을 방문하고 싶었다.

화장실에서 문에 새겨진 낙서를 보자, 처음에는 웃음이 나왔다. 우리가 글자를 배우던 때에 모래에다 끝없이 이어지는 시를 쓰던 시절이 떠올랐던 것이다. 하지만 그 낙서를 읽어 가면서 너무 놀랍고 혼란스러워 노트에 옮겨 적어 두었다.

'20세의 매우 잘생긴 혼혈남이 은밀하고도 강렬한 관계를 나눌 20~25세의 여성을 찾습니다.'

'소극남이 18~32세의 가무잡잡하고 잘생기고 적극적인 놈 구함. 데이트 원함…. 대학생 환영.'

'섹시 속옷 입은 여성이 18~25세의 적극적인 학생 찾음.'

'14:00 34번 탑… 스트링과 브래지어 차림, 여자로 차려입을 것.'

'불쌍한 놈. 아무도 널 사랑하지 않는다는 걸 알아야지.'

나는 밤의 모래 언덕에 새겨진 내 소박한 시들과 멀리 떨어져 있었다. 프랑스에서는 삶의 방식, 언어뿐 아니라 사랑하는 법도 다시 만들어 내야 했다. 사막에서는 사랑을 표현할 때 어떤 작은 몸짓을 취한다. 그러나 여기서는 몇 달 동안 서로 눈도 마주치지 않고서 사랑을 찾는 게 가능하다. 사랑을 찾기 위해 화장실 문에 글을 쓰다니.

나는 몸에 대한 경의와 사랑의 존엄성을 결코 포기하지 않을 것이다. 우리의 몸짓 하나하나가 영혼 속에서 메아리치므로.

겨울이었다. 친구들이 함께 산으로 떠나자고 제안했다. 나를 다시 침묵 속에 빠뜨리는 경치, 순결한 공간과 대지의 정적이 나를 기쁘게 했다.

눈을 보았다. 온 산을 뒤덮는 차가운 작은 송이들, 타는 듯하면서도 차디찬, 너무도 매혹적인 물질. 처음에는 사막을 다시 찾은 기분이어서 몹시 놀랐다. 서로 얽힌 산들이 태양 아래 타오르는 아프리카의 모래 언덕들처럼 하얗게 펼쳐져 있었다.

도취의 시간이 지난 뒤 산들에 다가가다가, 나는 자리에 앉은 사람들을 실어 나르는 기계들과 산 정상으로 사람들을 밀어 올리는 철로 된 줄들을 보고 아연실색했다. 그 모든 것이 지독한 소음에 묻혀 있었다. 평화로운 대지에 너무도 해로운 그 기계들의 용도에 대해 묻자 친구들이 대답하기를, 사람들을 산 정상으로 끌어올렸다가 다시 내려가게 해 주는 등반 장치라고 했다.

나는 놀라움에 말문이 막혔다. 그 모든 수단이며 투자가 단지 스키 타는 사람들이 다시 내려올 수 있도록 꼭대기로 올려 주는 데 쓰이는 것이라니!

영화감독 알랭 미셸 블랑의 연락을 받았을 때, 나는 몽펠리에 근처의 생줄리뒤페스크에 있는 한 앵테르마르셰(프랑스 대형 유통업체 중 하나)에서 견습 중이었다. 그는 내가 2000년 에르에프이(RFI, 라디오 프랑스 앵테르나시오날)에서 인터뷰를 했을 때 한 시나리오 작가가 내 이야기를 듣고 알려 주었다고 설명했다. 그 감독은 프랑스 3(프랑스 제2공영 채널)에서 방영 중인 〈고물 장수 루이〉의 한 에피소드에 내 이야기를 끼워 넣을 생각이었다. 그는 '루이와 사막의 메신저'라는 제목을 붙였다. 타마셰크어를 말하는 진짜 투아레그족을 찾았지만 그 역에 맞는 인물을 찾지 못한 터였다. 그래서 그는 내 흔적을 찾아 달라고 외무부에 부탁했다. 마침 나는 특별한 이력 때문에 외무부 자료에 올라 있었다.

2002년, 나는 말리 공화국 대통령인 아마두 투마니 투레가 프랑스를 방문한 참에 그를 만나고 싶었다. 나는 대통령이 기차를 탄다는 것을 알고 리옹행 열차에 올랐다. 하지만 대통령의 경호대에게 저지당했다. 그들은 내 신상명세를 적고는 다시 나타나지 말라고 명령했다. 그렇게 해서 내 이름이며 주소, 휴대전화 번호, 직업, 그러니까 투아레그족 이야기꾼이자 몽펠리에의 말리인 대학생이라는 것이 외무부 카드에 실린 것이었다.

그 감독은 내가 견습 중이던 곳의 사장에게 내가 두 주간 떠나 있어도 되는지 물었고, 고용주는 수락했다. 그날부터 다음 날까지 내가 담당하던 화장품 코너를 떠나 어느 거대한 성에서 촬영팀과 함께 있게 되었다! 저녁 내내, 사람들이 내가 맡은 역할과 나를 기다리는 놀라운 세계에 대해 말해 주었다. 나는 밤을 지새웠다.

평생 처음 촬영장에 가는 사람은 누구든 그 세상 밖의 세상 앞에서 넋을 잃게 된다. 하지만 나는 이미 그 세상에 속하지 않은 세계에서 온 터였다. 프랑스에 도착했을 때부터 내겐 거의 하루하루가 다른 시대였다.

촬영장에 발을 들여놓는 순간, 나는 현실에서 벗어나 있는 영역으로 들어선 셈이었다. 하지만 나는 꿈꾸지 않았다. 기계, 소란, 재구성된 삶, 레일 위를 굴러가는 카메라, 분장, 마이크…. 각자가 뭘 해야 하는지 알고 있었다. 정말로 번잡한 곳이었다. 내 이야기 중 하나를 재현하는 듯 보였다. 나는 더 이상 이야기꾼이 아니라, 수백만 시청자가 보게 될 주인공이었다. 환상이 떠오를 수 있도록 모두가 온 주의를 기울이는 분위기였다.

나는 조명들 때문에 몹시 혼란스러웠다. 그 조명들은 또 다른 인생을 비추는 듯했다. 태양보다 더 강렬해지려고 하는 조명이 거슬렸다. 한낮에 가상의 빛을 비추는 일이 탈선이요 속임수처럼 느껴졌다. 가짜 빛 없이는 인생의 환상을 만들어 낼 수 없다는 것을 나는 나중에야 깨달았다. 자연의 꿈만이 어떤 인위적인 수단도 필요로 하지 않는다.

하지만 내 생각에는, 현실에 환상을 심는 방법을 갖고 있다는 말 자체가 터무니없는 것으로 여겨진다.

바마코에 있을 때 에르에프이에서 주관하는 일반인 퀴즈 대회에 참가해 상을 받은 적이 있었다. 파리에 도착했을 때 나는 라디오 방송국을 방문하게 해 줄 수 있는지 물어보려고 〈플랭 쉬드〉 방송을 진행하는 아모베 메베게에게 연락을 했다. 그는 허락했고, 생방송에 초대해 주었다.

에르에프이! 라디오 프랑스 앵테르나시오날. 녹음 스튜디오를 보았을 때 내 심장은 세게 고동쳤다. 나는 줄곧 되뇌었다.

'그러니까 바로 여기야. 내 어린 시절을 조용히 흔들어 재워 준 그 모든 목소리가 여기서 시작된 거야!'

나는 목소리의 근원에, 나를 그토록 매혹시켰던 마법의 한가운데에 와 있는 느낌이었다. 스튜디오와 녹음실들에 매우 위축되었다. 조금 얼이 빠진 나는 메베게가 마이크를 내밀자 긴장되고 떨렸다. 내 아버지가 그곳 천막 안에서 내 목소리를 들을 때 느낄 감정과 자긍심을 상상해 보았다. 사막의 경계에까지 이를 특별한 목소리가 된다는 사실에 가슴이 벅찬 나머지, 나는 깜박하고 투아레그어로 말하고 말았다. 스튜디오 사람들 모두가 웃기 시작했다. 내 혼란이 미칠 파장을 깨닫고 나 역시 웃었다.

나중에 아버지는 내 목소리를 들었을 때 느낀 감동을 두고두고 내게 이야기했다. 아버지 곁을 떠난 뒤 처음으로 내 소식을 알게 된 것이다. 아버지는 내가 어떻게 그곳까지 가게 되었는지는 끝내 이해하지 못했다. 한편으로는 나도 마찬가지였다. 모든 일이 순식간에 일어났으니 말이다. 방송국에서는 내가 녹음한 방송이 언제 방송될지 며칠 앞서 예고해 주었고, 덕분에 야영지 사람들 모두가 내 목소리를 듣기 위해 한데 모일 수 있었다. 나중에 알게 된 사실인데, 천막의 어린아이들이 내게 말을 하려고 라디오 옆에서 아우성 쳤다고 한다. 나와 마찬가지로 그들도 보이지 않는 재회를 경험한 듯했다.

내 생애 가장 아름다운 날들은 사막에서 가족들과 함께 보내던 시절이다. 아직 어머니가 돌아가시기 전, 외할아버지와 다른 모든 가족들이 살아 있던 그 시절은 내게 꿈처럼, 그러나 너무도 선명히 남아 있다. 그 시절 우리 집에는 가족이 많았다. 형제자매들과 부모님, 할아버지와 할머니, 고양이 한 마리와 개 한 마리, 소와 양, 염소들…. 비록 먹을 것이 풍족하진 않았지만 우리에게는 우유를 제공해 주는 가축들이 있었고, 드넓은 사막을 돌아다니며 왕처럼 자유롭게 살았다. 그때는 사막에서도 초목을 찾아볼 수 있었고, 드물지만 비도 내렸다. 대자연 안에서 우리는 가족들과 함께 행복하게 살았다. 그 시절, 어린 나이의 내 눈에는 세상의 모든 것들이 신기했고, 세상은 매력적인 것들로 가득 차 있었다.

완벽한 환상의 세계와 재구성된 인생을 보여준다는 클럽메드가 어떤 곳인지 나는 전혀 상상도 해 보지 못했다. 그런데 그곳에서 특별한 시간들을 경험했다. 대학생인 나는 방학 동안에 일자리를 찾아야 했다. 그래서 튀김이나 아이스크림 장사를 할까 하고 샤랑트마리팀 해변을 돌아다녔지만 아무런 생각도 떠오르지 않았다. 그러다가 우연히 어느 부부를 만났다. 그들 베르나르와 모니크 부부에게 내 문제를 털어놓았다. 내게는 바파가 있고 아이들을 가르친 경험이 있다고 이야기했다. 그들이 알려 주기를, 그 지역에 클럽메드가 막 생겼다고 했다. 그들은 클럽메드에서 아이들을 돌볼 사람을 찾고 있었다.

나는 그들에게 일자리를 부탁했고, 그들은 곧바로 찾아오라고 했다. 문 앞에서 세 명의 우람한 남자들이 내 길을 막아섰다. 주눅이 든 나는 아이들을 돌보기로 약속했다고 우물쭈물 말해 버렸다. 내가 조금은 세상 물정 모르는 어린애처럼 벌벌 떨고 있다는 느낌이 들었다. 클럽메드는 내게 아무런 의미가 없었다. 마침내 젊은 여자 셋이 나를 맞아 주었다. 그들은 내게 누가 클럽메드를 창립했고, 클럽메드의 슬로건과 신조가 무엇인지 아느냐고 물었다. 나는 물론 대답하지 못했다. 그럼에도 불구하고 바로 그날 밤, 그들은 내게 다음 날 아홉 시에 찾아오라고 일러 주었다. 나는 금세 알아차렸다. 내가 투숙객들에게 행복을 주고 그들과 행복한 시간을 나눌 책임을 맡은 지오(GO, 클럽메드 운영진)가 될 거라는 사실을.

유년기와 청소년기 내내 나는 매우 소박하게 살아왔다. 은신처라고는 천막뿐이었고, 이불이라고는 담요 한 장이 전부였다. 그리고 나는 행복했다. 그랬던 내가 정성껏 만들어진 최고의 안락함 속에, 온갖 방법을 동원해 사람들을 행복하게 해 주는 것만이 유일한 목표인 어느 클럽 안에 느닷없이 들어와 있었던 것이다. 대조적인 두 세계가 나에게는 혼란스럽기도 하고 재미있기도 했다.

클럽에 도착한 날, 나는 곧장 내 방으로 안내되었다. 그 모든 호화로움에 너무도 놀란 나머지, 어이없는 경험을 하게 되었다. 목이 말라서 컵을 들고 수도꼭지를 틀었다. 놀랍게도 컵 속으로 거품이 떨어지는 게 보였다. 맥주라는 확신이 들었다. 나는 질겁했다. 물을 맥주로 대체하는 것이 가당키나 한 일인가? 당황한 나는 프런트로 달려가서 말했다. 나는 이슬람교도라서 맥주를 마실 수 없노라고. 내게 필요한 것은 물뿐이라고. 초조해하는 나를 보고, 여자 지배인이 내 방까지 따라왔다. 컵 속의 거품은 사라지고 물만 남아 있는 것이 보였다. 지배인이 반쯤 미소 지으며 설명하기를, 내가 본 거품은 단지 수압 때문에 생긴 것이라고 했다.

음식이 차려진 식당에서 나는 얼떨떨했다. 그토록 푸짐하게 차려진 음식 중에서 선택을 한다는 것은 불가능했다. 너무도 맛있고 다양한 요리들이 나를 부르는 듯했다. 하지만 나는 끝내 고르지 못했다. 문득 내가 먹고 싶은 것은 쌀뿐이라는 생각이 떠올랐다. 결국 나는 화려함 속에서 살아가는 법을 배워야 한다는 혼란스러움에 저녁도 먹지 않고 자리를 떴다.

무엇보다도 나는 빈약한 인간관계에 어리둥절해졌다. 매주 새로운 고객들이 같은 질문들만 던져 댔다. 결코 더 많이, 깊이 알려고는 하지도 않고. 사람들은 서로 만나거나 하지 않고 눈길만 스쳐 보냈다. 마치 그들의 마음을 휴가라도 보낸 것처럼. 관계는 최소로 축소되었다. 우리는 필요한 말만 나누었다. 우리는 사람의 참모습에 결코 다가가지 못했다. 어째서 그토록 천국 같은 곳에서 인생의 핵심으로 살아가지 않는 것일까?

그날 밤, 〈파리 폴리〉라는 큰 공연이 프로그램에 들어 있었다. 사람들은 공연에 늦지 않으려고 서둘러 저녁을 먹었다. 저녁 식사 동안에, 나는 또 다른 놀라운 공연에 감탄했다. 한 폭의 그림 혹은 불가능한 꿈과도 같은 꽃들에 이어 산이 눈에 들어왔다. 석양빛 속에, 태양을 가린 초승달이 바로 내 머리 위에서 잠이 든 채 산 뒤로 살며시 미끄러지고 있었다. 빛에 잠긴 그 모든 것에 나는 숨이 멎을 뻔했다. 다른 사람들과 그 광경을 함께 나누고 싶어 주위를 둘러보았다. 하지만 아무도 자신이 몸담고 있는 아름다운 풍광을 보고 있지 않았다. 투숙객들의 유일한 관심사는 공연장에서 좋은 자리를 맡기 위해 서두르는 것이었다. 가장 아름다운 공연이 그들 눈앞에서 펼쳐지고 있는데 말이다. 어떻게 삶에 눈을 열어 두지 않고도 온전히 존재할 수 있는지 여전히 이해가 되지 않는다.

그해에 나는 클럽메드의 야간 활동에 참여하기로 마음먹었다.

나의 첫 번째 놀라움은 잊기 위해 애쓰는 외로운 사람들을 다시 한 번 발견하게 된 것이었다. 그들은 미소 짓고 있었지만 그것은 단지 가면에 불과하다는 것을 나는 알았다. 모두가 알고 있었다. 자신들이 깊은 즐거움으로 살아가고 있지 않다는 것을. 나중에 밤이 되었을 때 그들이 흥분해 있는 것을 보았다. 그들은 자신들의 웃음을 믿기 위해 술을 마시고 담배를 피워 댔다.

나의 당황스러움은 간호사로 변장한 스트리퍼들을 보았을 때 절정에 달했다. 나는 항상 간호사에게 무한한 경의를 품고 있었다. 나는 그들의 직업에 깊이 경탄한다. 그런 그들이 어떻게 그렇게까지 환각의 대상이 될 수 있는지 진정 이해가 되지 않았다. 나는 언제나 간호사들의 옷을, 벗은 몸을 가리는 베일이 아니라 헌신의 표시로 여겨 온 터였다.

오랫동안 나는 왜 삶이 나를 클럽메드까지 이끌어 갔을까 궁금했다. 어떻게 내가 그러한 모순 속에 놓이게 되었을까? 그리고 어느 날 깨달았다. 나는 늘 세상과 단절된 세상에서 살아왔다. 도시의 번화함과는 동떨어진 세계인 마을과 야영지만을 경험했을 뿐이었다. 그리고 나는 클럽메드라는 '마을'을 이끌어 가는 사람이 되어 있었다. 자급자족하는 세계. 마치 내 삶이 이런 여정의 일부분들, 시간이 멈춰 있는 순간의 장소들로 결합되어 있는 것만 같았다. 나는 이런 식의 숨 쉬는 순간들 없이는 살아 갈 수가 없다.

투아레그족의 삶에 대한 약속은 공동체 안에서 자신의 의무를 다하겠다는 것과, 자신이 태어난 이유인 삶의 목적과 임무를 수행하겠다는 것이다. 물론 나 또한 투아레그인으로서 그러한 약속을 갖고 있다. 개인적으로는 사실, 아직 아무에게도 말하지 않았지만, 나는 오래전 나 자신과 한 가지 굳게 약속한 것이 있다. 바로 나의 하루하루가 투아레그족과, 조국 말리, 그리고 세계를 위해 무언가 중요한 일을 할 수 있는 나날들이 될 수 있도록 노력하겠다는 것이다. 대통령이 되겠다든가, 아니면 정치적으로 매우 중요한 어떤 자리에 올라 세상을 위해 일하겠다든가 하는 거창한 것을 말하는 게 아니다. 내가 할 수 있는 한도 안에서, 또 내게 주어진 의무들 안에서, 다만 나는 세상을 위해 중요한 일이 무엇인가, 잊지 말아야 할 소중한 일이 무엇인가를 기억하며 매일을 살겠다는 것이다. 그것이 내가 나 자신과 한 가장 중요한 약속이고, 나는 내가 그 약속을 지킬 수 있다고 믿는다.

아프리카 마을의 화장실들은 바깥에 숨겨져 있다. 우리는 그와 관련한 것에 대해 함구한다. 그것은 수치에 가까운 화제다. 우리는 화장실에 간다는 말도 없이 모습을 감춘다. 그런 까닭에, 프랑스의 화장실들이 깨끗이 정리정돈 되고 예쁘게 장식된 데다 사람들이 아끼다시피 하는 것을 보았을 때 나는 몹시 놀랐다. 게다가 화장실이 여유 있게 세상 소식을 접하기 좋은 장소인 양 신문이 종종 놓여 있기도 했다. 그 모든 소란의 한가운데에서 화장실은 자기 자신과 대면할 수 있는 명상의 장소가 될 수 있을 것이다.

내 여자 친구 블랑슈는 자기 집 화장실을 찾는 사람들이 스스로에게 멋진 질문을 던질 수 있도록 화장실 문에 커다란 물음표를 그려 놓았다. 또 다른 문에는 잠언과도 같은 중요한 문구들을 뿌려 놓았다. 그녀의 화장실에서 큰 글씨로 쓰인 이 문장을 읽고 나는 너무도 혼란스러웠다. '나는 천국의 분위기 때문에 천국을 사랑하고, 지옥의 번잡함 때문에 지옥을 사랑한다.'(베르니스) 그 문장을 인정할 수는 없지만 나는 그 덕분에 깊은 생각에 잠길 수 있었다.

화장실을 정신적인 곳으로 만들 수 있다고는 생각조차 해 보지 못했으니!

도시인들이 고독과 조급증을 치유하고자 한다면 사랑하지 않더라도, 서로 알지 못하는 사람이라도 서로 마주칠 때 인사를 나누라고 말하고 싶다. 웃고 서로를 안는 것은 돈도 들지 않는다. 마음을 열고 당신 가슴과 타인의 가슴이 만날 수 있도록 서로에게 조금 더 가까이 다가가는 것, 그것이 곧 현대 사회의 고독을 치유하는 좋은 약이다.

조급증은 삶에서 모든 것을 취하려 하지 않을 때 치유된다. 살아가면서 자신이 원하는 모든 것들을 가질 수 없음에 안타까워하고 발을 구르는 대신 우리는 매 순간을 즐길 수 있다. 쏜살같이 지나는 시간을 자신이 좋아하는 일들에 조금 더 투자하고 음미할 줄 알면서 충분히 그 시간들을 살아야 한다.

사랑하라, 떠나라, 다시 돌아오라

프랑스에서는 사람들이 일자리를 찾을 때까지 국가의 지원금을 받는다는 사실이 믿어지지 않았다. 최저소득보조금을 받는 사람들이 집에서 편히 있을 수 있는데 무엇 때문에 힘든 직장을 구하려

하겠는가? 사회의 손길을 필요로 하는 이들을 실제로 사회가 도울 수 있다는 것은 놀라운 일이다. 그런데 때로는 그러한 도움이 삶을 향한 의지를 꺾기도 하고, 어떤 이들은 사회의 지원에 그저 만족한 채로 살아가 버리기도 하니 안타까운 일이다. 사람들이 더 이상 책임감을 느끼지 못하는 사회란 끔찍하다! 우리 고장에서는 수천의 사람들이 프랑스의 최저임금보다도 적은 돈을 벌기 위해 쉬지 않고 일한다.

나는 특히 에스데에프(SDF, 노숙자)가 있다는 사실을 알고 놀랐다. 사람들이 필요로 하는 것을 조달해 주기 위한 숱한 방법을 지닌 사회에서 그런 극한 상황에 이를 수 있다는 점이 이해가 되지 않는다. 초등학교는 의무 교육이다. 그러니까 프랑스인들은 최소한의 교육은 받는다. 최저소득보조금이 있고, 실업수당이 있고, 사회보장제도가 있다. 거리에서 살기 위해 프랑스인들은 곤궁 혹은 끝없는 격분의 단계에 이르러야 했다. 어떤 의미에서는 그들이 사회 체제에 섞여들지 않기로 결심한 것인지도 모른다. 심지어 무척 추운 밤에도 어떤 이들은 보호 시설에 떠맡겨지기를 거부한다. 무슨 일이 일어났기에 그 지경에 이른 것일까? 자유로워지기 위한 해결책이 그것밖에 없었던 것일까?

그들을 거리로 내몬 것은 무엇보다도 엄청난 고독이다.

런던 여행을 했다. 유로스타를 탄 건 행운이었다. 그런 경험이 가능하리라고는 생각지도 못했다. 바닷속을 달리는 것, 그것은 꿈을 넘어선 것이었다! 터널에 들어선 순간부터 나는 매혹되었다. 내가 해저를 시속 300킬로미터로 달리고 있다는 생각에, 그 놀라운 기술력에, 인간의 지능에, 그리고 꿈을 가능하게 만드는 그 능력에 매혹되었다. 삶의 엄청난 희망.

그 터널은 내가 몇 시간 동안 완전히 낯선 곳에 와 있다고 느꼈던 전혀 상이한 두 세계를 다시 이어 준다. 유로스타의 놀라운 경험 이후, 나는 더 이상 자동차 운전사를 보고도 놀라지 않았다. 운전석은 비어 있을 때도 있고, 차 있을 때도 있었다. 내겐 당연한 일로 보였다. 오랫동안 나는 거리를 달리는 그 원격 조정 자동차들에 놀랐더랬다. 하지만 운전사가 반대편에 있다는 것을 깨닫자마자 현실로 돌아왔다!

나는 여자들이 남자들에게 말을 거는 방식 역시 너무도 다른 것을 알고 놀랐다. 여자가 남자를 유혹하다니! 여자들은 과감했고, 내가 알고 있던 모든 유혹의 법칙들을 깨뜨리면서 내게 다가왔다. 그들은 자신의 취향을 마음껏 드러내면서 자유로움을 느끼는 듯했다. 그러한 방식에 나는 유쾌한 감동을 받았다….

런던 어느 바에서 친구들과 콜라를 마시고 있는데, 한 여자가 다가와 내 머리카락을 쓰다듬으며 찬사의 말을 했다. 그녀의 여자 친구 둘이 우리와 합류했다. 세 여자가 내게 다가와 말을 걸자, 나는 어찌할 바를 몰랐다. 어쩌면 장난에 불과했겠지만 나는 선택하기만 하면 되었다! 게다가 여자들은 하나같이 아찔한 옷을, 거의 저

속하다 싶은 옷을 입고 있었다. 그 여자들이 내 이상형, 내 삶의 윤리와는 정말로 동떨어져 있어서 혼란스러웠다. 하지만 그들이 자신들의 모습 그대로를 너무도 기꺼이 받아들이는 까닭에, 그들을 판단한다는 것은 불가능했다.

여자들은 부자일수록 천을 덜 두른다. 왜 그토록 모든 이들의 시선에 자신의 몸을 드러내고 싶어 하는 것일까? 드러난 몸에는 관능미가 결핍되어 있다. 드러내지 않고 막연히 옷감을 통해서 간파할 수 있는, 꿈꿀 수 있는 몸보다 더 아름다운 것은 없다.

사막에서는 몸의 윤곽이 아니라, 풍성하고도 유연한 옷감 너머로 몸의 우아함을 드러낸다. 무엇보다도 중요한 것은 당당함이다. 여자들의 자태는 움직임과 천의 아름다움으로 풍부해진다. 그런데 몸을 너무 드러내면 몸은 몸 자체로 귀착된다. 옷과 피부 사이의 이야기가 더 이상 없어지는 것이다. 옷을 입은 몸은 영혼과 시선을 부르는 독특한 분위기를 얻는다.

칭찬은 용기를 북돋아 주는 매우 중요한 방법이다. 우리는 칭찬을 할 때 기본적으로 염두에 두는 것이 있다. 그것은 외관과 행동에 대한 것이다. 다른 나라들처럼 우리도 누군가가 좋은 일을 했을 때에는 그 일에 대해 직접적으로 많은 칭찬을 해 준다. 그러나 행동이 아닌 외관에 관해서라면 이야기는 달라진다. 누군가 아름다운 눈을 가졌을 때, 우리는 그에게 직접적으로 눈이 아름답다고 말하지 않는다. 외적인 아름다움은 내면의 아름다움에 비하면 그다지 중요하지 않기 때문이다. 그러나 누군가의 외모가 주는 아름다움에 대해 말하고 싶을 때면, 우리는 언제나 상대에게 직접 말하는 것이 아니라 다른 사람에게 아무에게도 말하지 않겠다는 약속을 받고 난 뒤 자신의 느낌을 말한다. 외모뿐만이 아니라 누군가 지혜로운 사람이 있을 때에도 우리는 될 수 있는 한 말을 조심한다. 아무리 지혜로운 사람이라고 하더라도 실수할 때가 있기 때문이다.

사막에서 나는 별들을 보고 내 감정 세계가 아니라, 내가 가야 할 방향을 읽는 법을 배웠다. 그런데 프랑스에서는 별들이 생일과 결합되어 그들의 운세를 점치는 용도로 사용되고 있었다. 별들이 누군가의 직업적 성공과 사랑운, 건강과 재산운을 예견해 준다고 믿는 것이다. 어떻게 별들이 월요일에는 연인이 다정하지만 목요일에는 확실히 멀어질지를 아는지 몹시 궁금했다…. 하지만 내 가족은 아무도 자기 생일을 모르는 까닭에 무척이나 난감했다. 그러다 보니 우리는 그런 감정 변화에 대비할 아무런 방법이 없었다! 별들이 그토록 전능하다면, 왜 우리에게는 가뭄에 대해 예고해 주지 않았던 것일까? 왜 프랑스의 점성술은 낙타나 목초지가 아니라, 사랑과 불륜, 돈에 대해서만 이야기하는 것일까?

태어나 처음 강물을 건널 때처럼, 우리의 운명은 앞으로 펼쳐질 풍경들을 미리 보여 주지 않는다. 우리 앞에 펼쳐질 앞으로의 삶들을 만나고 나서야 비로소 우리는 그것이 어떤 것이었는지 알게 된다. 그러나 배를 타고 아무리 긴 여행을 한다고 해도 모두가 그 풍경들을, 강을 따라 내려가며 만나게 되는 나무들과, 시시각각 그 모습을 달리하는 구름들, 고개를 들고 자맥질을 하는 둥근 눈의 물고기들을 만날 수 있는 것은 아니다.

삶에 대한 믿음 없이 불안과 두려움에 휩싸여 서둘러 노를 젓는다면 우리는 우리가 만나야 할 많은 것들을 놓치게 된다. 운명이 우리에게 약속한 그 만남들과 마주치기 위해서는 고요한 마음이 필요하다. 일어나는 일들에 대해 믿음이 있어야 한다.

내게 별들은 오직 안내자이자 우리 마음속 꿈의 도피처로 언제나 남을 것이다.

바다. 바다가 보고 싶었다. 프랑스인 친구한테 바다 이야기를 들었을 때, 그런 것이 존재하리라고는 감히 상상조차 할 수 없었다. 끝 간 데 없이 펼쳐진 물이라니. 그게 가능할까?

첫 만남. 나는 바다를 홀로 마주하고 싶었다. 평생 물을 찾아다닌 사막의 소년에게, 그 광막한 물과 마주한다는 것은 엄청난 사건이었다. 길모퉁이에서 바다를 보았다. 그곳에 바다가 있었다. 거대하게 일렁이는, 하늘보다 훨씬 더 아름다운 바다가. 나의 사막처럼, 바다는 수평선보다 더 멀리 펼쳐져 있었다.

감격한 나는 바다에 다가가 바닷물을 마시려고 몸을 굽혔다. 나는 성급하게 군 잘못으로 벌을 받았다. 그 물이 갈증을 준 것이다. 짠물이었다. 눈물이 날 것만 같았다. 그토록 많은 물이 갈증을 풀어 줄 수 없다는 사실이 끔찍하게 여겨졌다. 바다에서조차 목마름으로 죽을 수 있다니. 그러니까 바다 또한 사막이었던 것이다….

하지만 나는 광대함에 몸을 담그는 특별한 느낌을 음미했다. 오랫동안 헤엄을 치고, 어린 소년이었던 나를 만났다. 끊임없이 지평선에 다다르고자 애쓰던 소년. 지평선에 이르는 일이 불가능하다는 것을 알면서도 나는 그러한 탐색을 좋아했다. 행복한 기분으로 돌아오다가, 숱한 기억을 상기시키는 모래에 입을 맞추었다.

여전히 확신컨대, 우리에게 우리의 뿌리에 대해 말해 주는 장소들을 찾을 줄 안다면 우리는 진정 고향을 떠나 있는 게 아니다.

사막에서, 차를 마시는 시간은 소중하다. 피로와 폭풍, 열기, 짙은 어둠과 밤의 싸늘함에도 불구하고, 우리는 언제나 함께 차를 만들어 마시는 시간을 갖는다. 우리에겐 축성된 시간 중 하나다. 단지 그곳에 있다는 행복과 평온함만이 중요하다. 서양에서 하루하루 바삐 지내는 것을 보면, 물이 끓고 차가 부드럽게 우러나는 그 긴 시간이 그리워진다.

야영지에서 가장 아름다운 시간은 밤이 내릴 때 차를 마시는 시간이다. 저마다 자신의 하루를 이야기하고, 가축 떼는 천천히 목초지에서 돌아오고, 하루의 열기는 밤의 한기 앞에 가라앉는다. 자연조차 더 이상 다투지 않는다. 영혼들이 서로 만날 수 있도록 신이 만들어 낸 근심 없는 순간, 숨 쉬게 하는 그 순간을 모든 사회가 있는 그대로 간직해야 한다. 그러면 도시의 심장은 더 많은 평화와 함께 고동칠 것이다.

 도시 생활의 유일한 탈출구는 끊임없이 하늘을 바라보는 것이다. 하지만 서구 사람들은 전혀 그렇지 않은 듯하다. 실제로 하루는 기상대에서 비가 올 거라고 예보했다. 그런데 그날 아침 몽펠리에에서는 햇볕이 온 도시를 비추었다. 기상 예보에 그대로 얽매이지 않는 하늘의 변덕에 즐거워져, 나는 티셔츠 차림으로 거리로 나갔다. 그런데 사람들이 하나같이 외투를 걸치고 손에 우산을 들고 있었다. 놀라웠다. 그들은 하늘은 쳐다보지 않고 라디오에만 귀를 기울인 것이다. 태양보다 라디오를 더 믿은 것이다. 왜 도시 사람들은 자기네 집 지붕보다 더 높은 곳을 올려다보지 못할까? 장벽들과 기술, 예보를 머릿속에서 지울 줄 모르고 어떻게 숨 쉬며 살아갈까? 다른 곳의 하늘과 하늘의 약속을 보지 못한다면, 자신의 심장 박동을 가라앉히고 숨결을 되찾기란 불가능하다.

어느 곳이든 손님을 환영하는 말들이 있다. 투아레그족은 이렇게 말한다. "들어오세요, 형제여, 나의 천막은 당신의 것입니다." 손님은 아무것도 걱정하지 않아도 된다. 손님이 집안일을 돕는 것은 오히려 주인에게 실례가 될 수도 있다.

말리 남부의 밤바라족에게는 이런 말이 있다. "당신은 당신 집을 떠나 당신 집으로 온 것입니다." 자기 집에 있는 것처럼 손님도 곧장 그 집 일에 참여해야 하는 것이다.

코트디부아르 사람들은 내게 이렇게 말했다. "당신 집에서처럼 하세요. 하지만 우리 집에 있다는 걸 잊지는 마세요." 그러니까 손님은 주인과 일정한 거리를 유지하고, 집안일에 자발적으로 끼어들어서는 안 되는 것이다.

프랑스 앙제의 어느 집 문에 쓰인 이 문구에 충격을 받았다. "우리 집으로 들어오세요. 당신은 이미 당신 집에 있는 거랍니다." 그리고 실제로 나는 한 가족에게 놀라울 만큼 환대를 받았다. 그 가족의 어머니는 내게도 어머니 같았다. 나는 금세 그분을 '프랑수아즈 엄마'라고 불렀다. 그분이 나를 자식처럼 대해 주셨던 것이다. 첫날 그분이 "여기가 네 방이다."라고 말씀하셨을 때 나는 얼떨떨했다. 내 방이라니! 그분은 아무것도 요구하지 않고 내가 집안일에 참여하든 안 하든 자유롭게 내버려 두셨다. 그분을 돕는 것은 내게 영광스러운 일이었다. 그분 곁에서 프랑스인들의 생활 방식을 알게 되었기 때문이다. 내게 식탁 차리는 법이며, 식기들로 음식을 먹는 법이며, 옷을 다리는 방법을 가르쳐 준 것도 그분이었다. 나는 아이들을 보살피지 않았다. 어떻게 보면 아이들이 나를 돌봐준 것이었다. 아이들은 자기들 놀이며 관습이며 습관을 내게 기꺼이 가르쳐 주었다. 말리에서는 신세 진 집에서 늘 많은 일을 했다. 환대에는 대가가 따랐다. 프랑스에서는 가난한 사람에게 자리를 내주는 훌륭한 전통이 그들의 마음에 뿌리를 내리고 있는 듯하다.

  육 년 동안 쉴 새 없이 프랑스를 여행해 오면서 나는 열려 있는 문을 언제나 찾게 되리라 믿고 있다. 그 문이 너무 빨리 닫히지 않게 만드는 것은 온전히 나에게 달려 있다….

  프랑스로 날아오기 전, 나는 모래 언덕에서 홀로 별을 바라보며 기나긴 밤들을 지새곤 했다. 어느 날 밤, 모닥불 가에 앉아 이 시를 썼다.

나는 무한과 절대 침묵의 왕국에서 왔노라.

단 한 번도 찾아 보지 않고도 아무도 살려고 하지 않는 왕국에서 왔노라.

내 왕국의 모든 여인들은 왕의 아내가 아닌 여왕들이다.

나는 사람들이 태양 속에 있으나 그 그림자는 어둠 속에 있는 왕국에서 왔노라.

내 왕국은 외부인들에겐 적의를 드러내지만, 내부인들은 반가이 맞이한다.

내 왕국의 우리들 지표는 밑이 아니라 위에 있다.

나침반은 손이 아니라 머릿속에 들어 있다.

나는 모든 예언자들을 알았던 예언자의 왕국에서 왔노라.

내 왕국에서는 지붕이 중요하지 않다. 오직 하나뿐인 하늘 지붕이 있기에.

나는 정신적인 안정의 왕국에서 왔노라.

나의 백성들은 가장 웅장하고 멋진 자연 현상을 보기 때문이다.

보름달, 일몰과 여명, 극한 열기와 추위를.

내 왕국의 삼위일체는 물과 낙타와 인간이다.

내 왕국은 논리가 아니라 전술의 왕국이다.

나는 마음속에 무지개를 품은 젊은이들의 왕국에서 왔노라.

자기 몸보다 더 큰 마음을 가진 이들의 왕국에서 왔노라.

오, 왕자여! 뿔뿔이 흩어졌으나 그대의 마음속에 다시 모인 백성을 통치하는 그대여.

사랑하라, 떠나라, 그리고 다시 돌아오라.

투아레그의 전통적인 노래들은 모두 시다. 시라는 문학 장르가 우리에게는 따로 없다. 노래가 곧 시다. 그리고 그 노래들은 삶의 모든 것들을 이야기한다. 삶이 곧 노래이고 시이며, 시가 곧 노래이고 삶이다. 우리는 차를 마실 때 석 잔을 마시는 버릇이 있다. 첫 잔을 마시며 우리는 인생을 생각한다. 첫 잔은 삶처럼 진하기 때문이다. 둘째 잔은 사랑처럼 부드럽고 감미롭다. 마지막 잔을 우리는 죽음에 비유한다. 그만큼 쓰고 떫다는 소리다.

노래는 삶의 지혜를 담고 있다.

이미 일어난 일은
살아 있는 귀중한 영혼에게는 중요하지 않지.
태양도 바람도 그 외의 다른 어떤 것도
부족한 물보다 위험하진 않지만,
나의 타마셰크 형제들이여, 세상에는 숨겨진 진실이 존재한다네.
타마셰크 말에는 아주 오래전 진리가 사막 속에 묻혔다고 하는 이야기가 있다네.

그리고 그것을 모르는 자 그 위에서 마지막으로 기도를 드렸다고.

감탄 어린 첫 눈길을 언제나 간직하고 싶다. 내 안에 유목민의 영혼을, 투아레그의 심장을 간직하고 싶다. 얼마나 더 많은 시간 동안 젊은이들이 한 번의 인생에서 여러 개의 세상을 발견할 기회를 얻게 될지 나는 모른다. 시간에서 벗어난 세상에서 자라고, 그 뒤에 서로 너무도 동떨어진 문명들을 탐사하는 경험은 이루 헤아릴 수 없이 값진 일이다. 삶은 그 모든 상이함으로 풍부해진다. 하지만 우리 유목민들, 나이가 없는 자유인들은 시간의 위협을 받고 있다. 더 이상 비가 내리지 않는 목마른 땅에서 몇 년을 더 살아남을 수 있을지 알기 어렵다.

우리 조상들은 자유인으로 남기 위해 사막을 선택했지만, 오늘날의 사막인들은 그들의 목숨으로 자유의 대가를 치르고 있다. 해마다 사막은 조금씩 생명을 잃어가고 있다. 그 때문에 투아레그의 아이들이 학교에 갈 수 있도록 내가 고군분투하는 것이다. 미래에도 사막에 남을 수 있으려면 부유해져야 할 것이다. 물과 식량을 대량으로 비축하는 수단을 손에 넣어야 할 것이다. 갈수록 상당수의 유목민들이 그들 가축 떼의 갈증을 풀어 줄 저수통을 가지고 사막으로 떠난다. 어린 목동들로서는 아무런 방법이 없다. 어린아이들은 사막과 도시 중 한 곳을 자유롭게 선택할 수 있어야 한다. 우리는 적극적인 주인의식을 가지고 있으므로 마침내 발전할 것이다. 우리 자신을 내다볼 수 있다면, 우리는 성공할 것이다. 학교에 다닐 때 반 친구들은 우리가 부적을 지니고 있는지 보려고 우리 목 주위를 쳐다보았다. 우리가 왜 가장 뛰어난지는 이해하지 못한 채. 우리가 가진 유일한 비밀은 원할 줄 안다는 것이다.

모든 문명은 거대한 지평선 안에서 사람들이 자유롭게 걷는 대지를 생각해야 한다. 생명이 오직 자연의 리듬에 순응하는 것으로 만족하는 대지, 존재들이 아름다움과 믿음, 보이지 않는 것과 비물질적인 것에서 행복을 길어 내는 대지. 유목민들은 도시인들의 꿈을 가득 채운다. 설령 우리가 태어나는 것을 지켜본 땅에서 멀어지게 되더라도, 우리 모두는 도시 한복판에서도 유목민의 영혼이 변치 않고 그 눈길이 여전히 순결할 수 있도록 우리 자신과 싸울 것이다.

프랑스는 내가 눈뜨게 해 주었다. 뿌리는 땅에서 솟아나 다른 곳으로 뻗어 나갈 때 의미를 갖는다. 다양한 풍경, 대도시 사람들의 놀라움, 그들의 놀라운 동요가 내게 일깨워 주었다. 대지가 얼마나 사막을, 사막의 아름다움을, 사막의 침묵을, 사막의 지평선의 힘을 필요로 하는지. 그 침묵은 당신들의 풍부해지는 인생에 빛을 주고 밀도를 준다. 나는 투아레그족인 것이 자랑스럽고, 프랑스에서 살고 있는 것이 뿌듯하다. 당신들도 당신들의 모습 그대로를 자랑스럽게 여기고, 당신들의 아름다움을 믿기를.

눈을 크게 떠라. 길은 너무도 아름답다⋯.

나는 언제나 내가 투아레그족임을 잊지 않으며, 투아레그족인 것에 자긍심을 느낀다. 프랑스에 와 처음 대학에 들어갔을 때 다른 학생들 앞에서 나 자신을 소개하며 큰 긍지를 느꼈던 적이 있다. 교육이 평준화된 프랑스에서는 대학에 가고 안 가고는 어디까지나 개인의 선택에 달려 있고, 대학 교육을 받는 것 또한 그렇게 큰일도 아니다. 그러나 내게는 그렇지가 않았다. 〈어린 왕자〉를 쓴 생텍쥐페리를 만나겠다는 어린아이 같은 꿈을 품고 이곳으로 건너온 나는 작가가 이미 타계한 탓에 비록 그 꿈을 실현하지는 못했지만, 새로운 세상을 보고 알고 싶다는 꿈은 이뤄 냈다. 지금도 그 꿈은 계속되고 있다. 프랑스나 다른 선진국들의 부족할 것 없는 여느 가정에서 태어났다면, 나는 이제까지의 많은 배움들, 앞으로도 계속해서 꾸어 갈 나의 꿈들을 알지 못했을 것이다.

나는 내가 사막에서 태어나 그곳에서 유년기를 보낸 데에 감사한다. 그리고 우리 투아레그인들이 가지고 있는 삶과 세상에 대한 이해에도 깊은 자긍심을 느낀다. 살아 있는 한, 내 부족에 대한 일체감과 자긍심은 언제까지나 나와 함께할 것이다.

옮긴이의 말

사막별에서 온 메시지

'무사'는 아프리카 사하라 사막에서 온 유목민이다. 그가 살던 사막에는 테제베는 물론 지하철도, 엘리베이터도, 자동문도 없다. 그곳에서 새로운 목초지를 찾아 이동하며 살아가는 유목민들은 지도나 표지판이 아니라, 별과 은하수를 보고 방향을 잡는다. 문명 세계의 사람들은 자신의 하루를 일정표에 맞춰 계획하고 시간을 분과 초로 나누어 바쁘게 뛰어다니지만, 사막 사람들에게는 오직 아침과 점심, 저녁이 있을 뿐이다. 문명인들은 십대 시절부터 노후를 걱정하지만, 유목민들은 그렇지 않다. 그들은 자명종 소리에 맞춰 하루를 시작하지 않고 밝아오는 태양과 함께 자리에서 일어나며, 지상에 어둠이 내리면 주어진 하루에 감사하며 잠자리에 든다. 그들은 미래에 살지 않고 지금 이 순간을 살아간다. 시간을 재지 않으며, 돈이나 물건의 양을 재지 않는다. 양 한 마리는 그대로 양

한 마리일 뿐, 몇 킬로그램의 고깃덩이나 얼마짜리 물건으로 바뀔 수 없다.

이 책은 지상에서 가장 살아가기 힘든 곳 중 하나인 사하라 사막에서 태어난 투아레그족 유목민 소년이 프랑스라는 문명 세계를 겪으면서 느낀 이야기를 담고 있다. 열세 살 무렵의 어느 날, 소년 무사는 파리-다카르 자동차 경주 취재차 사막에 온 어느 여기자가 떨어뜨린 책을 주워 주고 그 책을 선물로 받는다. 그 책은 우연히도 생텍쥐페리의 〈어린 왕자〉였다. 이 책은 사막이 자신이 아는 세계의 전부였던 한 소년에게 배움에 대한 열정을 일깨워 주고, 더 넓은 세상을 꿈꾸게 해 준다.

〈어린 왕자〉를 선물 받고 배움에 대한 의지를 다지던 무사는 1년 뒤 아버지를 졸라, 야영지에서 멀리 떨어진 마을의 학교를 날마다 30킬로미터씩 걸어서 다니게 된다. 하지만 부족이 다르고 언어가 다르다는 이유로 친구들 사이에서 외톨이가 된 무사는 책 속에서나마 더 많은 친구를 찾고자 갈망한다. 그 뒤로 더 큰 배움을 좇아 사막 부근의 여러 도시들로 '유학' 길에 오른다. 그는 친척 집을 전전하며 밥벌이를 위해 고되게 일하면서 공부해 마침내 고등학교 졸업장까지 받는다.

그 뒤, 그의 꿈은 〈어린 왕자〉의 작가 생텍쥐페리가 있는 프랑스를 향해 더 높이 날아오른다. 그는 '어린 왕자'에게 동생이 있다는 걸 생텍쥐페리에게 말해 주겠다고, 자신의 영혼에 메아리를 불러

일으킨 '어린 왕자'의 저자를 찾아 떠나겠다고 다짐한다. 생텍쥐페리가 이미 오래전에 세상을 떠난 사실도 알지 못한 채. 1999년, 마침내 프랑스 친구들의 초청을 받아 투아레그족 청년 무사는 꿈에 그리던 프랑스로 날아간다.

'문명의 신세계'에 도착한 그의 눈앞에 펼쳐진 것은 온통 놀라운 일들뿐이다. 사막의 열두 명 동생이 한꺼번에 누울 수 있을 만큼 널찍한 호텔 침대부터 방 전체를 녹여 버릴 듯 요란하게 열기를 내뿜는 헤어드라이어…, 그리고 뜨거운 물을 하염없이 쏟아 내는 수도꼭지까지 무사는 정신 차릴 틈이 없다. 놀라움은 계속된다. 다가서기만 해도 도깨비장난처럼 열리는 자동문부터 도무지 자신을 어디로 데려갈지 알 수 없는 끔찍한 엘리베이터, 그리고 살점을 내어준 동물도, 야채를 기르고 수확한 아낙네의 모습도 보이지 않는 먹을거리의 '천국(혹은 지옥)'인 대형마트까지, 유목민 소년은 사막의 삶과는 너무나도 다른 문명 세계의 풍요를 경험하게 된다.

하지만 사막에서 나고 자란 그의 눈에 비친 도시의 마법과 황홀경은 오래가지 못한다. 마법의 세계를 떠받치는 지혜가 부재하는 탓이다. 문명인에게는 일상적이기만 한 일들 앞에서 두 눈이 휘둥그레지는 투아레그족 청년을 머릿속에 떠올려 보는 것은 이 책을 읽는 재미 중 하나이지만, 우리는 그 웃음보다 웃음 뒤에 느껴지는 씁쓸함에 더 주목하게 될 것이다. 웃음의 이면에서 우리 자신들의 일그러진 자화상과 잃어버린 영혼을 발견하게 되기 때문이다.

유목민의 오래된 지혜와 사막의 자연이 가르쳐 준 교훈을 토대로 무사는 문명인들의 삶 곳곳에 날카로운 시선을 던진다. 호화롭고 편리한 문명의 이면에 있는 도시인들의 결핍된 열정, 고독을 감춰 버리는 아찔한 마천루와 빌딩 숲, 돈과 쾌락의 노예가 되어 가고 있는 영혼과 육신, 노인들을 외톨이로 가둬 버리는 양로원, 뭐든 빨라야만 직성이 풀리는 조급증, 끊임없이 더 많이 소유하고자 하는 욕망에 대해 비판을 가한다.

영혼의 양식을 멀리한 채 하루하루 자신을 소멸시키며 부와 성공을 향해 달려가는 도시인에게, 사막의 유목부족인 투아레그 청년은 따뜻하고 유머러스한 목소리로 사막의 지혜를 전한다. 특히 투아레그족 사람들의 믿음과 이상, 진정한 풍요와 사랑, 가르침, 그리고 고통이 무엇인지 전하면서, 그동안 우리가 잊고 지내던 삶의 가치를 되새기게 한다. 그리고 보이지 않는 신비로운 힘을 지키는 법, 생명의 신호에 응답하는 삶을 사는 법, 삶의 무한한 다채로움을 위해 우연을 위한 빈자리를 남겨 두는 법, 돈이 아니라 삶 자체에 머무르며 인내하는 법을 이야기한다.

아랍어로 '사막에 사는 이들'이라는 뜻의 투아레그족은 사하라 사막 중부에 살고 있다. 가뭄을 피해 새로운 목초지를 찾아 사막을 자유로이 떠도는 유목부족이다. 그들은 스스로를 자유인이란 뜻의 '이모하'라 부른다. 투아레그족이 사하라 사막에 나타난 것은 천년 전의 일이다. 용맹한 전사 부족인 이들은 천 년 넘게 사하라의 척박한 땅에서 대상 무역을 하며 살아왔다. 불볕의 열기에도 아랑곳하지 않고 단봉낙타 위에 곧추앉아 사막을 누비는 푸른 베일의 그들은 늘 당당하고 우아했다. 1860년대 프랑스인들이 처음 사막으로 들어오기 시작하자, 그들은 프랑스인들을 '총잡이 겁쟁이'라고 부르며 낙타를 몰고 칼로 맞섰다. 비록 1900년대 초에 정복당하고 말았지만, 그들은 끝까지 저항했고, 그러면서 유럽인들에게 '사막의 저승사자'로 불리게 되었다.

그 뒤로 투아레그족은 식민지 시대 이후에 임의로 정해져 버린 사하라 사막의 경계를 무시하고, 국경도 나라도 없이 오랜 세월 유목생활을 해 왔다. 하지만 안타깝게도 그들 삶의 터전인 사막은 갈수록 척박해지고, 너무도 다른 생활 방식 탓에 공존하기 힘들다는 이유로 도시 정착민들에게 생존을 위협받고 있다. 그 때문에 많은 투아레그족이 오랜 유목생활을 포기하고 사하라 사막 인근의 대도시로 가서 빈민으로 살아가고 있다. 이 책의 저자인 무사가 사막의 아이들을 위해 '모래 학교'를 설립하고 이를 유지하고자 고군분투하는 것도 멸족의 위기에 처한 투아레그인들의 자유로운 삶이 지속될 수 있도록, '푸른 부족'의 영혼이 사라져 버리지 않도록 하기 위해서다.

투아레그족에게는 세 가지 금기어가 있다고 한다. 덥거나 춥다고 말하지 마라, 배고프다고 말하지 마라, 힘들다고 말하지 마라가 그것이다. 투아레그인에게 추위와 더위, 허기와 고통은 인생의 동반자일 뿐이다. 비록 그것이 그들이 가진 전부인지도 모르지만, 그들은 불평하지 않는다. 모래와 반짝이는 별뿐인 사막, 가진 것이라 곤 염소 몇 마리와 작은 천막뿐이지만 그 속에서 행복을 발견할 줄 아는 투아레그족 사람들. 그리고 그들의 지혜를 전해 주는 한 청년의 목소리에 귀 기울인다면, 문명 세계는 새로운 희망을 발견할 수 있을지도 모른다. 그 척박한 땅에 모래 알갱이만큼이나 많은 아름다운 이야기와 지혜가 흩뿌려져 있을 줄이야!

2004년 5월, 무사의 꿈은 그가 다니는 몽펠리에 대학에서 또다시 날아올랐다. 학교 부근의 어느 카페에서 무사는 우연히 합석한 한 남자에게 자신의 어린 시절, 사막의 야영지, 단봉낙타와 염소들, 〈어린 왕자〉, 학교 등에 대해 이야기한다. 남자는 그에게 명함을 내밀며 말한다.

"내 이름은 티에리 파야르이며, 나는 출판사 발행인입니다. 당신의 삶은 한 편의 소설입니다. 내가 그 소설을 책으로 만들어 드리겠습니다!"

몇 주 뒤 파리 샹젤리제 가에서 만나기로 약속이 잡혔다. 물론 출판 계약이 맺어졌고, 계약으로 4천 유로가 지불되었다.

"그 계약금으로 낙타 한 마리와 암소 두 마리, 그리고 서른 마리 남짓한 양들을 샀어요. 그리고 사막행 비행기표도요!"

무사는 그의 나라로 돌아갔고 자신의 이야기를 글로 썼다. 그는 파리로 돌아왔고, 그의 책은 금방 8천 부가 팔렸다. 그리고 짧은 기간에 20쇄를 찍기에 이르렀다. 곧 이어 〈사막별 여행자〉는 스페인어, 이탈리아어, 독일어, 아랍어 등으로도 출간되었다.

〈가엘〉지는 이렇게 서평을 실었다.

투아레그족은 지금 이 순간의 삶에 충실할 뿐 미래의 계획에 몰두하지 않는다. 반면 현대인들의 삶은 미래에 대한 불안감으로 망가져 가고 있다. 우리들 문명 세계 사람들은 18세부터 벌써 은퇴 이후의 삶을 걱정하며 살아간다. 사막이라는 광활한 학교에서 배운 지혜가 몸에 배어 있는 무사는 길을 잃고 삶의 본질에서 멀어진 문명 세계에 새로운 길을 가리켜 보인다.

〈레스트 레퓌블리캥〉 지도 인상적인 서평을 실었다.

오래도록 마음에 감동을 주는 이야기. 저자는 생애 가장 아름다운 날들에 대해 이야기하며, 그날들이 모두 사라져 버린다면 우리 삶이 아무것도 아니라고 말한다. 사막에서 온 이 청년은 자신의 색깔과 영혼을 보여 주기 위해 프랑스에서도 투아레그족의 푸른 옷을 입고 다닌다. 그는 말한다. "나는 이 책으로 누군가를 가르치려는 것이 아니다. 나는 아무것도 판단하지 않는다. 그저 내 눈을 통해 사람들이 자신의 모습을 좀 더 정확히 바라볼 수 있기를 희망할 뿐이다. 물질, 재산 축적, 늘 더 많이 얻기 위해 앞만 보고 달리는 것이 행복을 가져다

주지는 않는다. 서른 살의 나이에 집과 자동차, 또는 컴퓨터를 갖기 위해 30년 동안 빚을 지는 것은 자신의 밧줄로 스스로를 꼼짝 못하도록 묶는 것과 같다."

사막의 푸른 부족 출신 무사 앗사리드, 나이가 없는—그의 여권 생년월일 난은 'XXXXXX'로 표시되어 있다—그는 문명 세계를 경험하겠다는 꿈을 이루었지만, 결코 자신의 뿌리를 부정한 적이 없다. 푸른색 두건과 푸른색 옷, 투아레그족의 천막, 그리고 자신 안에 새겨져 있는 사막을 잊은 적이 없다. 그는 자신이 태어나는 것을 지켜본 지평선, 해 저물녘의 황금빛 모래 언덕과 고요, 그리고 그 시각 하늘과 땅이 말하는 소리에 귀 기울이던 부족 사람들의 모습을 늘 기억한다.

무사는 사람들의 마음을 움직일 줄 아는 타고난 이야기꾼이다. 그는 웃음을 자아내는 재미난 에피소드와 따뜻하고 익살맞은 목소리, 깊이 있는 지혜로 우리의 굳은 가슴을 뭉클하게 한다. 이제 우리는 안다. 사막이 아름다운 건, 사막 유목민의 오랜 지혜를 전하는 투아레그족 청년이 있기 때문이라고. 모닥불 가에 모여 앉아 별들과 노래만으로도 진정한 행복을 느낄 줄 아는 푸른 유목 부족이 있기 때문이라고.

신선영

고려대학교 불문학과를 졸업했다. 번역가이며 프리랜서 편집자로 활동 중이다. 장자크 상페의 〈꼬마 니콜라〉, 〈도서관에서 생긴 일〉, 〈낮은 소리로 말하던 시간〉, 〈앙리에트의 못 말리는 일기장 1, 2〉, 프랑수아즈 지루 자서전 〈나는 행복하다〉, 〈노예〉, 〈이집트 신〉, 〈아서 왕〉, 〈나폴레옹〉, 〈미녀와 야수〉 등 다수의 책을 우리말로 옮겼다.

사막별 여행자

1판 1쇄 발행 2007년 8월 5일
1판 12쇄 발행 2021년 9월 23일

지은이 무사 아그 앗사리드
옮긴이 신선영

발행처 문학의숲
발행인 고세규

신고번호 제300-2005-176호
신고일자 2005년 10월 14일

주소 서울시 마포구 동교동13길 34(서교동 474-13)
전화 02-325-5676
팩스 02-333-5980

이 책의 한국어판 저작권은 베스툰코리아 에이전시를 통한
저작권자와의 독점계약으로 문학의숲에 있습니다.
저작권법에 의해 한국 내에서 보호를 받는 저작물이므로 무단전재와
무단복제를 금합니다.

값은 표지에 있습니다.
ISBN 978-89-959049-2-3 03860